essentials

essentials liefern aktuelles Wissen in konzentrierter Form. Die Essenz dessen, worauf es als „State-of-the-Art" in der gegenwärtigen Fachdiskussion oder in der Praxis ankommt. essentials informieren schnell, unkompliziert und verständlich

- als Einführung in ein aktuelles Thema aus Ihrem Fachgebiet
- als Einstieg in ein für Sie noch unbekanntes Themenfeld
- als Einblick, um zum Thema mitreden zu können

Die Bücher in elektronischer und gedruckter Form bringen das Expertenwissen von Springer-Fachautoren kompakt zur Darstellung. Sie sind besonders für die Nutzung als eBook auf Tablet-PCs, eBook-Readern und Smartphones geeignet.

essentials: Wissensbausteine aus den Wirtschafts, Sozial- und Geisteswissenschaften, aus Technik und Naturwissenschaften sowie aus Medizin, Psychologie und Gesundheitsberufen. Von renommierten Autoren aller Springer-Verlagsmarken.

Michael Treier

Betriebliches Arbeitsfähigkeitsmanagement

Mehr als nur Gesundheitsförderung

2., aktualisierte Auflage

Prof. Dr. Michael Treier
Fachhochschule für Öffentliche
Verwaltung NRW
Duisburg
Deutschland

ISSN 2197-6708 ISSN 2197-6716 (electronic)
essentials
ISBN 978-3-658-13101-2 ISBN 978-3-658-13102-9 (eBook)
DOI 10.1007/978-3-658-13102-9

Die Deutsche Nationalbibliothek verzeichnet diese Publikation in der Deutschen Nationalbibliografie; detaillierte bibliografische Daten sind im Internet über http://dnb.d-nb.de abrufbar.

Springer
© Springer Fachmedien Wiesbaden 2015, 2016

Gedruckt auf säurefreiem und chlorfrei gebleichtem Papier

Springer ist Teil von Springer Nature
Die eingetragene Gesellschaft ist Springer Fachmedien Wiesbaden

Was Sie in diesem *essential* finden können

- Ein Plädoyer für Investitionen in die Arbeitsfähigkeit im Kontext des demografischen Wandels.
- Erläuterungen zum Konstrukt der Arbeitsfähigkeit.
- Informationen zum Personalrisiko der abnehmenden Arbeitsfähigkeit.
- Ein Besuch des Hauses der Arbeitsfähigkeit.
- Erläuterungen zu den Stockwerken und betrieblichen Ansatzpunkten.
- Methoden und Instrumente, um die Arbeitsfähigkeit zu bestimmen.
- Eine Übersicht zu den Erfolgsfaktoren des Arbeitsfähigkeitsmanagements.

Inhaltsverzeichnis

Abkürzungsverzeichnis

ABI	Arbeitsbewältigungsindex
AF	Arbeitsfähigkeit
AFM	Arbeitsfähigkeitsmanagement
AS	Arbeits- und Gesundheitsschutz
BEM	Betriebliches Eingliederungsmanagement
BGF	Betriebliche Gesundheitsförderung
BGM	Betriebliches Gesundheitsmanagement
WAI	Work Ability Index

Unsere Hypothek Das Schreckensszenario „Vergreisung" im Kontext des demografischen Wandels lässt Verantwortliche im Personal- und Gesundheitsbereich der Unternehmen aufhorchen. *Warum?* Man hat schlicht vergessen, die Kredite in Bezug auf Personal auch zu tilgen. Dem Personal wird immer mehr zugemutet, die Belastungen und Beanspruchungen steigen. Die Aufrechterhaltung der Leistungs-, Arbeits- und Beschäftigungsfähigkeit wird jedoch dem Individuum einseitig überantwortet mit Folgen für die psychische Gesundheit. Um den erhöhten Anforderungen begegnen zu können, benötigt man nicht nur aktuelle Kompetenzen, sondern auch eine ausreichende psychische und physische Konstitution – subsumiert unter dem Begriff der Resilienz (Uhle und Treier 2015, S. 25 ff.). Man hat eine Hypothek als Sicherungsmittel für die Kredite aufgenommen. Diese Grundschuld bezieht sich auf die AF der Mitarbeiter – diese ist allerdings nicht endlos belastbar.

> *Die Fähigkeit zu arbeiten, ist die Grundlage für den Unternehmenserfolg.* Dabei sind nicht nur die Personenfaktoren wie psychische Widerstandskraft und Kompetenzen, sondern auch die Bedingungsfaktoren wie Arbeitsgestaltung und Führung zu beachten.

Investitionen in die Arbeitsfähigkeit Die Begründung für Investitionen ist selbstredend. Die *Ausfallkosten* nehmen stetig zu. Dies betrifft nicht nur die Fehlzeiten, sondern v. a. auch die abnehmende Arbeitsproduktivität durch Präsentismus, also wenn Mitarbeiter krank zur Arbeit gehen. Am Horizont kündigen Warnsignale die Verschiebung des Krankheitspanoramas in Richtung psychische Störungen an (vgl. Riechert 2011). Psychische Störungen sind ein wesentlicher Verursacher für Frühverrentungen und Langzeiterkrankungen. Mit der Altersentwicklung nehmen zudem die chronischen Erkrankungen zu, die einschneidend auf die künftige AF

© Springer Fachmedien Wiesbaden 2016
M. Treier, *Betriebliches Arbeitsfähigkeitsmanagement*, essentials,
DOI 10.1007/978-3-658-13102-9_1

wirken. Die Altersstrukturanalysen lassen hellhörig werden, aber der Zug ist schon im Hinblick auf eine Umkehrung der Altersentwicklung abgefahren. Die Veränderungen der Arbeitsanforderungen wie Zunahme der Arbeitsdichte wegen Personalabbau, Informatisierung mit Anstieg des Multitaskings, Inanspruchnahme durch Wissens- und Dienstleistungsorientierung oder Globalisierung mit erhöhten Mobilitäts- und Flexibilitätsanforderungen treffen also auf eine Belegschaft, deren AF sich allmählich erschöpft. Diese Erschöpfung ist nicht als individuelles Schicksal zu verharmlosen, sondern als dezidierter Auftrag der Organisation zu begreifen, das Personalvermögen in Bezug auf seine *Basisfaktoren Gesundheit, Motivation, Kompetenz und Werte* zu potenzieren (Treier 2011, S. 117 ff.). Das Personalrisikomanagement offenbart, dass eine nachlassende AF nicht kurzfristig zu kompensieren ist (vgl. Kobi 2012). Ist das Kind im Brunnen gefallen, erfordert es weitaus höhere Investitionen zur Rettung, als wenn man präventiv durch Arbeitsgestaltung, BGF/BGM, demografiebewusste Personalarbeit, sensitive Führung, BEM usw. die Wahrscheinlichkeit für den zu erwartenden Ausfall minimiert.

Zukunftsfähige Organisation   Wenn Organisationen Zukunftsfähigkeit auf ihre Agenda setzen, dann geht es auch um Personalressourcen, denn diese sind nicht nur knapp, sondern aufgrund des Anforderungswandels und der Demografie auch „angeschlagen". Tempel und Ilmarinen (2013, S. 15 ff.) heben hervor, dass ein positives Unternehmensergebnis erst durch die AF seiner Belegschaft möglich ist. *Zukunftsfähigkeit ist nur mit zukunftsfähigen Mitarbeitern zu bewerkstelligen.*

Perspektiven der Arbeitsfähigkeit

Im Folgenden wird das Konstrukt Arbeitsfähigkeit definiert. Anschließend werden Faktoren, die zur Minimierung der AF führen können, erläutert. Die abschließende Diskussion verdeutlicht, dass die Abnahme der AF ein relevantes Personalrisiko darstellt. Diesem lässt sich erfolgreich nur durch eine konzertierte Aktion begegnen, da die Steigerung der AF in der gemeinsamen Verantwortung des Unternehmens und der Belegschaft liegt.

2.1 Das Konstrukt der Arbeitsfähigkeit – Wie erzielen wir eine Balance?

„Zusammengefasst bezeichnet Arbeitsfähigkeit die Summe der Faktoren, die einen Menschen in einer bestimmten Arbeitssituation in die Lage versetzen, die ihm gestellten Arbeitsaufgaben erfolgreich zu bewältigen. Arbeitsfähigkeit ist also immer ein Paar, das durch eine Person und eine Situation gekennzeichnet ist." (⌨ *Richenhagen in Freude et al. 2009, S. 79*)

Abkehr von der Arbeitsunfähigkeit AF ist keine Umpolung der Arbeitsunfähigkeit. Ein arbeitsunfähiger Mitarbeiter ist aufgrund einer Erkrankung verhindert, seine Arbeit zu verrichten. AF ist aber weitaus mehr als diese Arbeitsunfähigkeit, denn AF ist ein Mehrwert (Wertschöpfungsorientierung) und nicht nur das Ausbleiben der Arbeitsunfähigkeit (Defizitorientierung).

© Springer Fachmedien Wiesbaden 2016
M. Treier, *Betriebliches Arbeitsfähigkeitsmanagement,* essentials,
DOI 10.1007/978-3-658-13102-9_2

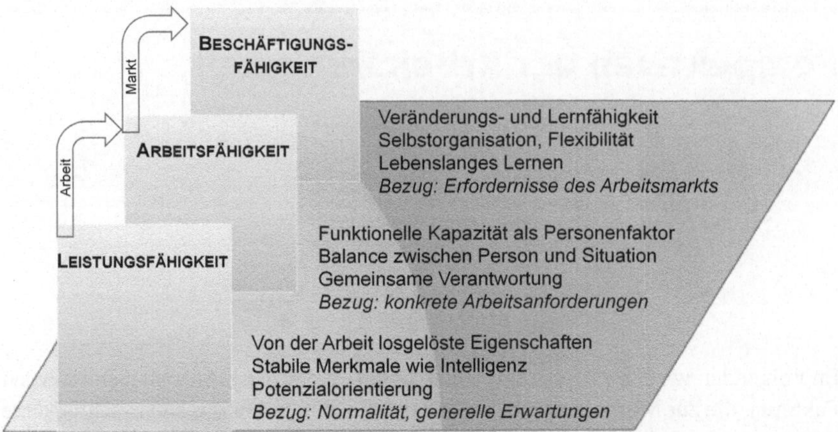

Abb. 2.1 Arbeits-, Leistungs- und Beschäftigungsfähigkeit

Balance als Zauberwort Person und Situation müssen aufeinander abgestimmt werden. AF beschränkt sich also nicht nur auf die *funktionelle Kapazität*[1] des Individuums, vorgegebene Arbeitsanforderungen zu bewältigen. Vielmehr verlangt AF eine Passung zwischen Ressourcen der Arbeitnehmer und Anforderungen der Arbeit (Uhle und Treier 2015, S. 315 ff.). Im WAI-Netzwerk[2] wird betont, dass die AF von zwei *Komponenten* bestimmt wird:

1. *Person:* personenbezogene Ressourcen (körperliche, mentale und soziale Kompetenzen, Gesundheit, Werte, Arbeitshaltung etc.)
2. *Arbeit:* arbeits- und organisationsbezogene Ressourcen (Arbeitsinhalt, Arbeitsorganisation, Führung, soziales Arbeitsumfeld bis zur Unternehmenskultur)

Arbeitsfähig und mehr Die Abb. 2.1 offenbart, dass eine Balance nicht nur von der AF, sondern auch von der Beschäftigungs- und Leistungsfähigkeit abhängt (◌ Richenhagen in Freude et al. 2009, S. 79 ff.). Diese Begriffe haben Gemein-

---

[1] Manche Autoren subsumieren unter funktioneller Kapazität nicht nur die psychische und physische Konstitution im Sinne von Gesundheit, sondern auch soziale und mentale Fähigkeiten einer Person bis zur Arbeitshaltung und Motivation. Die Kapazität ist eine zentrale Ressource. Zusätzliche Reserven ermöglichen eine ausreichende Erholung von der beanspruchenden Tätigkeit und gewährleisten damit einen Schutz vor Überlastung (Tempel & Ilmarinen, 2013, S. 43 ff.).

[2] WAI-Netzwerk: http://www.arbeitsfaehigkeit.uni-wuppertal.de

samkeiten, aber unterschiedliche *Bezugspunkte*. Sie werden bisweilen unzureichend voneinander abgegrenzt. Dies kann bspw. im Thema leistungsgewandelter bzw. leistungsgeminderter Mitarbeiter zu falschen Implikationen führen. Hier sind Umfeldfaktoren und der Rehabilitationskontext zu beachten.

- *Allgemeine Leistungsfähigkeit:* Der Begriff Leistungsfähigkeit bezieht sich hier auf relativ stabile Personenmerkmale wie Intelligenz, Persönlichkeit oder Gesundheit. Die Kalibrierung orientiert sich an die Normalverteilung als Ausdruck allgemeiner, oft gesellschaftlich verankerter Erwartungen. Die allgemeine Leistungsfähigkeit kann alters- und/oder geschlechtsabhängig variieren.
- *Arbeitsfähigkeit:* Hier betrachtet man den Menschen in Bezug zu den konkreten Arbeitsanforderungen. Man kann hier von einer relativen Leistungsfähigkeit sprechen, denn die Arbeitsanforderungen definieren den Korridor der zu erwartenden Leistungsabbildung. Stärkung der Gesundheit als persönliche Lebensstrategie und Anpassung der Arbeitsbedingungen als Aufgabe der Organisation sind gemeinsam voranzutreiben, um die AF zu erhalten und zu steigern.
- *Beschäftigungsfähigkeit:* Hier wird die Wahrscheinlichkeit, dass sich der Arbeitnehmer dauerhaft auf dem turbulenten Arbeitsmarkt bewähren kann, bewertet (Arbeitsmarktfitness als andauernde AF). Fachqualifikationen und soziale Schlüsselkompetenzen erhöhen die Employability. Veränderungsfähigkeit und Lernbereitschaft werden gleich welchen Alters vorausgesetzt. Flexibilität, Anpassungsfähigkeit und Selbstorganisation sind hier beanspruchte subjektive Qualitäten, die von der modernen Arbeitswelt eingefordert werden.

Aktuelle und zukünftige Arbeitsfähigkeit Damit wird deutlich, dass die Leistungsfähigkeit eine grundlegende Voraussetzung für die konkrete AF und diese wiederum für die Beschäftigungsfähigkeit ist. Da sich sowohl individuelle Voraussetzungen als auch Anforderungen mit der Zeit ändern, ist es ferner erforderlich, zwischen aktueller und zukünftiger AF zu differenzieren. Bei der *zukünftigen AF* wird die Frage aufgeworfen, ob jemand glaubt, dass er seine Tätigkeit unter den derzeitigen Arbeitsbedingungen in den nächsten Jahren oder bis zum Renteneintritt ausüben könne. Ob die Zukünftigkeit in Anbetracht der Anforderungsdynamik messbar ist oder nicht, wird im Kap. 4.2 diskutiert.

> **Arbeitsfähige Mitarbeiter sind kein Zufall**
> AF ist ein zentraler Baustein in einer entwicklungsorientierten und nachhaltigen Arbeits-, Personal- und Gesundheitspolitik. AF distanziert sich von einem defizitorientierten Ansatz der Funktionstüchtigkeit. Mithin geht es hier nicht nur um die befürchtete Arbeitsunfähigkeit als Frühwarninstrument

in Bezug auf Leistungsminderung, Fehlzeiten bis zum frühzeitigen Erwerbs-
ausstieg, sondern um aktuelle und zukünftig aufzubauende Ressourcen in
Bezug auf Arbeit, Organisation und Person, die gewährleisten, dass der
Mitarbeiter in einer hyperflexiblen Arbeitswelt dauerhaft bis zum Ausstieg
wertschöpfend tätig sein kann. AF kristallisiert sich damit als Bewertungs-
größe für die aktuelle und künftig zu erwartende „Arbeitsfitness" heraus.

2.2 Sorge um die Arbeitsfähigkeit – Was reduziert die Arbeitsfähigkeit?

50 % über 50 Jahre – (k)ein Drama Tempel und Giesert (⥁ 2005, S. 15 ff.)
diskutieren im ABI-NRW-Projekt diese brennende Sorge, die viele Verantwortliche im Unternehmen herumtreibt. Man sucht nach einer Toolbox[3], um dem demografischen Wandel und seinen Folgen Paroli zu bieten. Angeheizt wird das Thema
in der öffentlichen Diskussion mit arbeitspolitischen Reformen wie die Rente mit
67 Jahren (⥁ Siegrist und Dragano 2007). Viele Personalverantwortliche erstel-
len Altersstrukturanalysen und demonstrieren, dass die Büchse der Pandora schon
geöffnet ist. Die Annahme lautet: *„Mit dem Alter sinkt signifikant die AF."* Das
Schreckgespenst Vergreisung geht um. Die Abb. 2.2 veranschaulicht diese Hiobs-
botschaft (Prümper und Richenhagen 2011, S. 139). Sie zeigt den Verlauf der AF
in Anlehnung an den Längsschnittstudien von Tuomi und Ilmarinen (1999). Im
Durchschnitt beträgt die lebensphasenabhängige Abnahme zwischen 0,4 und 0,8
WAI-Punkte pro Jahr. Somatische und psychische Erkrankungen nehmen mit
dem Lebensalter zu. Besonders schränken psychische Störungen und chronische
Erkrankungen des muskelskelettösen Apparats und Stoffwechselstörungen wie
Diabetes die Leistungsfähigkeit ein (Uhle und Treier 2015, S. 16 ff. & S. 148 f.).
Empirische Daten bestätigen diese *Abwärtsspirale der AF* – bspw. Ergebnisse der
NEXT-Studie[4] bei Pflegekräften (⥁ BAuA 2013, S. 27 f.). Der demografische
Wandel ist unstrittig und unumkehrbar. Auch sind die Folgen für die AF erwie-
sen. Studien zeigen jedoch, dass hier eine *differenzierende Sichtweise* erforderlich
ist (⥁ Hoß et al. 2013; Ilmarinen 2005, S. 117 ff.). Dies hängt zum einen damit
zusammen, dass das Mosaik der Belastungsfaktoren bunt ist und auch psychische

---

[3] Beispiel für Demografiewerkzeuge: http://www.demowerkzeuge.de

[4] Zur Next-Studie: http://www.next.uni-wuppertal.de/

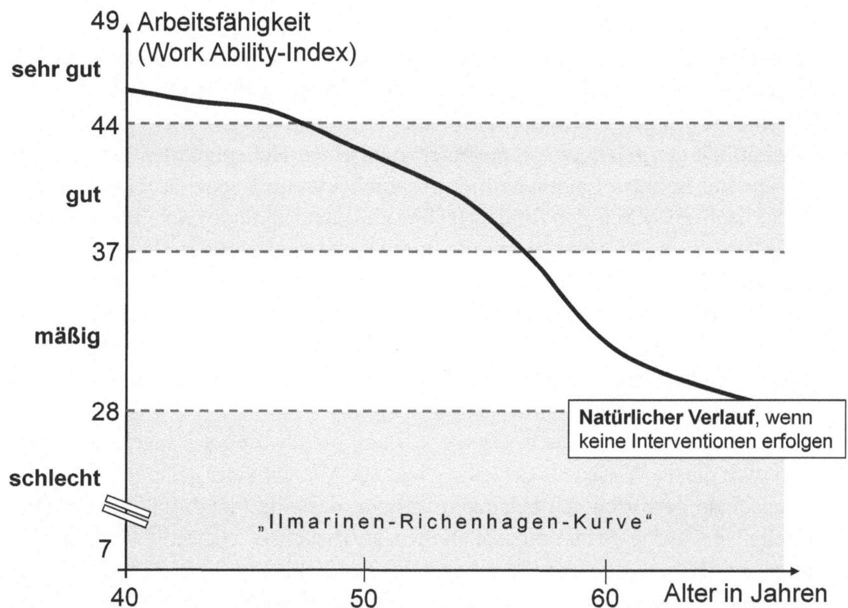

Abb. 2.2 Verlauf der Arbeitsfähigkeit („Ilmarinen-Richenhagen-Kurve") nach Prümper und Richenhagen (2011, S. 139)

Faktoren enthält (Treier 2015). Zum anderen erleben und bewältigen Arbeitnehmer diese Belastungen unterschiedlich. Dies kann dazu führen, dass die Werte in Bezug auf realer und subjektiv erlebter AF divergieren oder dass es zu verzerrten Wahrnehmungen hinsichtlich der künftigen AF kommt (vgl. Scheubel und Winter 2008).

Differenzielles Altern Die Alters-/Alternsforschung untermauert, dass das klassische Defizitmodell die Unterschiede des Alterungsprozesses nicht abbilden kann – v. a. psychologische und soziologische Erkenntnisse ergänzen die biologische Sicht (Kruse und Wahl 2010; Mietzel 2014). Leistungspotenziale[5] wandeln sich *(und nicht immer ins Negative)*, und jeder Mensch weist unterschiedliche Stärken und Schwächen auf, die eine differenzielle Betrachtung erfordern. Nüchtern betrachtet ist aber nicht zu verhehlen, dass es keinen Jungbrunnen gibt. Einige Erkenntnisse zur *differenziellen Sichtweise* verdeutlichen die Vielschichtigkeit des Themas „Altern und AF":

---

[5] Das Projekt PFIFF der Initiative Neue Qualität der Arbeit (INQA) befasst sich mit der Förderung und dem Erhalt intellektueller Fähigkeiten für ältere Mitarbeiter (⌨ Freude et al., 2009): http://www.pfiffprojekt.de

- Die *körperliche AF* steigt bis etwa 30 und sinkt dann stetig, wobei der natürliche Verlauf dieser Kurve durch aktive und gesunde Lebensführung, Selbstachtsamkeit etc. beeinflussbar ist. Hier sind v. a. auch die körperlichen Belastungen der Arbeitswelt ein prägender Einflussfaktor.
- Hinsichtlich der *geistigen AF* postuliert man einen Höhepunkt bei etwa 45–50 Jahren. Ein Schlüsselfaktor ist hier die intellektuelle Kapazität. Unterschiede finden sich zwischen der fluiden (schlussfolgernden) und kristallinen Intelligenz (erlerntem Wissen). Die fluide Intelligenz hängt von der gehirnphysiologischen Effizienz ab. Altersbedingte Abbauprozesse verringern diese Verarbeitungsgeschwindigkeit. Die Hypothese jedoch einer generellen intellektuellen Abnahme mit dem Alter wird hinterfragt, da Studien oft Methodenartefakte aufweisen. Zudem beweist die kristalline Intelligenz eine höhere Altersstabilität und lässt sich noch als Kompensation steigern.
- Demgegenüber nimmt das *Erfahrungswissen* bis etwa 60–65 Jahren zu. Vielfach wird dieses Wissen als Gegengewicht zur Abnahme der geistigen AF in die Waagschale geworfen. Zu bedenken ist aber, dass die Flexibilität älterer Mitarbeiter, neuartige Erfahrungssituationen aufzusuchen, ebenfalls eher ab- als zunimmt. Bisherige Erfahrungen konsolidieren sich. Neue Erfahrungshorizonte werden möglicherweise nicht mehr so aktiv erschlossen.
- Zudem zeigt sich, dass ältere Mitarbeiter hinsichtlich ihrer AF eine stärkere Variabilität aufweisen als Mitarbeiter unter 45 Jahren. Daher weisen Durchschnittswerte im Bereich AF oftmals ausgeprägte Streuungen auf, die die Aussagekraft mit zunehmendem Alter einschränken.

Aber nicht nur Alter Frühverrentungsstudien schlagen Alarm und erhöhen die Sorge um die AF unserer Mitarbeiter. Bei kritischer Betrachtung ist aber die Frühverrentung oftmals nicht mit einer Verschlechterung der körperlichen Konstitution im Zusammenhang zu bringen. So zeigt die BPtK-Studie (⌧ 2013) zur Arbeits- und Erwerbsunfähigkeit, dass fast jede zweite Frühverrentung psychisch bedingt ist. Daher sind weitere Zusammenhänge zu berücksichtigen. Insbesondere sind Einflussfaktoren der Arbeitswelt auf die AF von erhöhtem Zeitdruck über wenig Handlungsspielraum und Zunahme der Monotonie bis zu unzureichenden Gratifikationen (Gratifikationskrisen) zu beachten (⌧ Holler und Trischler 2010).

AF ist als Konstrukt mithin schillernd und wird durch folgende *Maximen* geprägt:

- *Mehrdimensionalität:* Das Konstrukt AF fokussiert nicht ausschließlich auf körperliche Faktoren, sondern berücksichtigt auch mentale und soziale Fähigkeiten.

- *Keine einfache Linearität:* Die Empirie zeigt, dass eine lineare Abnahme der AF mit dem Alter durch viele Einflussfaktoren verändert wird. Interventionen sowohl auf der Personen- als auch Organisations- bzw. Arbeitsebene können sogar eine Trendwende der Kurve vom Sinken zum Steigen nach sich ziehen (siehe Abb. 5.1).
- *Vielfalt an Gründen:* Die Abnahme der AF ist nicht nur durch die Person, sondern auch durch Faktoren der Situation wie Arbeitsdichte, Führungsverhalten oder Arbeitsinhalte begründet. Dies wird auch im Diskurs rund um die psychische Gefährdungsbeurteilung deutlich (Treier 2015).

$$\frac{40\%\,Person}{60\%\,Arbeit}$$

Die Arbeitsfähigkeit zeigt eine Tendenz, mit steigendem Alter linear abzunehmen: Die Stabilisierung des Gleichgewichts zwischen Anforderung und Ressourcen wird mit dem Alter schwieriger und schlechter. Das bedeutet nicht, dass die Änderungen der menschlichen Ressourcen allein die Abnahme erklären können. … Circa 60 % der Gründe für die Abnahme der Arbeitsfähigkeit, der Störung der Balance, sind Folgen einer mangelnden Arbeitsgestaltung und eines bestimmten Führungsverhaltens, etwa 40 % der Möglichkeiten fallen in den Bereich des Individuums und der individuellen Förderung der bio-psycho-sozialen Fähigkeiten. (Ilmarinen in Giesert 2011, S. 25)

Das Fazit der Diskussionen
Ältere Arbeitnehmer sind eine Herausforderung, aber keine Bedrohung.

Eine niedrige AF drückt ein Missverhältnis zwischen Person und Situation aus. Die Steigerung der AF ist daher nicht allein von der Person zu schultern und mit dem Subsidiaritätsprinzip zu beschönigen, sondern es liegt im gemeinsamen Verantwortungsbereich der Organisation und Beschäftigten, eine aus der Sicht der AF gesunde und lebensfähige Organisation zu realisieren.

2.3 Arbeitsfähigkeit als Personalrisiko – Wie begegnen wir diesem Risiko?

Arbeitsfähiges Personal als Schlüsselfaktor Personal ist ein Schlüsselfaktor zur Zukunftssicherung von Unternehmen. Deshalb analysieren Organisationen diesen im Rahmen ihres Personalrisikomanagements (Kobi 2012). Verschiedene Personalrisiken werden in HR-Cockpits in Ampellogik aufgeführt, bspw. externe

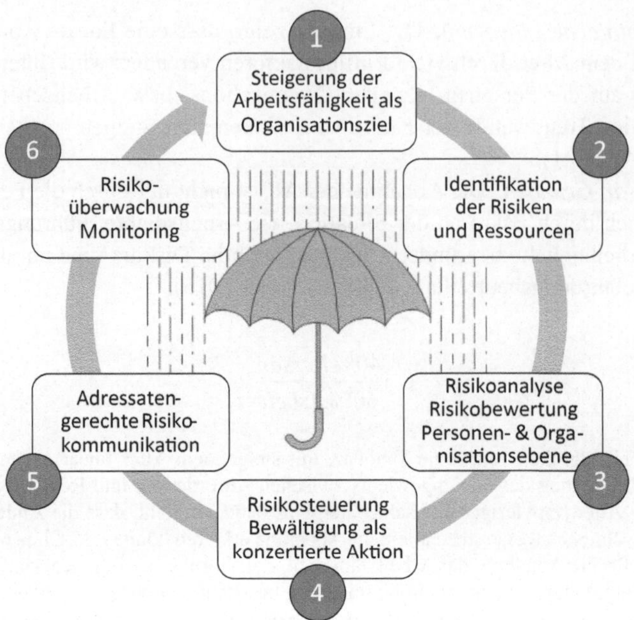

Abb. 2.3 Arbeitsfähigkeitscontrolling

Risiken wie das Konkurrenzrisiko im Kontext des Fachkräftemangels, aber auch interne Risiken wie das Engpass- oder Austrittsrisiko (Treier 2013, S. 61 ff.). Im Rahmen von Fehlzeiten-, Altersstruktur- und Gesundheitsanalysen wird auch das *Gesundheitsrisiko* im Kontext des demografischen Wandels ins Visier genommen. Die Altersstrukturanalysen zeigen hier unverblümt altersstrukturelle Problemlagen auf. Eine ausgewogene Altersstruktur ist in vielen Organisationen in den kommenden Jahren trotz „Jugendwahns" illusorisch. Die Veränderung des Krankheitspanoramas mit Prävalenzzunahme von chronisch-degenerativen und psychosozialen Krankheitsbildern rütteln auch die Unerschütterlichsten auf. Damit avanciert die AF als eine zentrale *Schlüsselkennzahl demografiesensibler Unternehmen*. Die Früherkennung von Risiken der AF erfordert hier ein *Arbeitsfähigkeitscontrolling*, das mehr ist als nur die Erfassung von Dienst- oder Arbeitsunfähigkeit (Abb. 2.3). Das Wort Risiko impliziert oft eine Gefahr. Es geht aber beim Risikomanagement nicht nur darum, Gefahren aufzuzeigen, sondern auch kompensierende Stärken bzw. positive Ressourcen zu identifizieren. Ferner wird hier der Präventionsgedanke in den Vordergrund der Bemühungen gestellt.

Investitionen als Risikostrategie   Risikoanalysen sind Anstoß zur systematischen Risikobewältigung. *Die Frage ist nur, wer bewältigt das Risiko AF im Unternehmen.* Einigkeit besteht darin, dass AF die Basis für erfolgreiches Personal ist. Arbeitsfähiges Personal benötigt aber auch eine gesunde Arbeit, denn AF ist stets als Zusammenspiel zwischen Person und Situation zu begreifen (siehe Kap. 2.1; vgl. Rudow 2014). Wenn eine gesunde Organisation angestrebt wird, dann benötigt man Investitionen zum Erhalt und zur Förderung der AF. Dies ist unumstritten. Jedoch buhlen verschiedene Akteure um die knappen Ressourcen, die für das Ziel der Arbeitsfähigkeitssteigerung zur Verfügung gestellt werden. Die Tab. 5.1 zeigt *betriebliche Handlungsfelder* auf. Um diese zu koordinieren, so dass sie an einem Strang ziehen, benötigt man ein *Steuerungskonzept* im Sinne des AFM als gemeinsamer Verantwortungsbereich. Das Entscheidende dabei ist das Zusammenspiel, um langfristige AF zu erzielen und sich nicht in Geplänkel zu verzetteln (siehe Kap. 5). Als *Fundament* eignen sich hier v. a. das BGM, das BEM und der AS (vgl. Uhle und Treier 2015, S. 35 ff.). Mit der Fokussierung auf die gegenwärtige und zukünftige AF als Erfolgsgröße und Personalrisiko lassen sich die *arbeitsfähigkeitssteigernden Faktoren* Gesundheit, Motivation und Kompetenz auf der Personenebene mit den verhältnisorientierten Ansatzpunkten Arbeitsgestaltung, -organisation, inhalt und Führung verknüpfen.

> Systematische Ansätze im BGM mit Fokus auf Steigerung der AF können einen Return on Investment (ROI) zwischen 1:2,5 und 1:10,1 für Absentismus erzielen. Es lohnt sich also in AF zu investieren, nicht nur aus humaner, sondern auch aus wirtschaftlicher Sicht (Uhle und Treier 2015, S. 282 ff.).

Das Haus der Arbeitsfähigkeit – eine Erkundungstour

Im Folgenden besuchen wir das Haus der Arbeitsfähigkeit mit den Etagen Gesundheit, Kompetenz, Werte und Arbeit (Abb. 3.1; Tempel und Ilmarinen 2013, S. 40 ff.). Die Stockwerte geben Einblick in die Inhaltsfelder des Arbeitsfähigkeitsmanagements. Das Haus steht nicht im Vakuum. Familie und Freunde als persönliches Umfeld beeinflussen die AF. Im weiteren Umkreis sind die regionale Umgebung und bei Fernbetrachtung auch noch Gesellschaft, Wirtschaft und Kultur anzuführen.

3.1 Erstes Stockwerk: Die Gesundheit

Gute Gesundheit Die Erkundungstour beginnt im Erdgeschoss. Zwei große Zimmer gehen vom Flur ab. Der linke Raum präsentiert die körperliche Leistungsfähigkeit. Der rechte Raum enthält das Mobiliar der psychischen Gesundheit. Beide Räume werden durch eine offene Architektur miteinander verknüpft, da psychische und physische Konstitution voneinander abhängen, wie gesundheitspsychologische Studien belegen (vgl. Schwarzer 2004). Der Gesundheitsbegriff ist laut WHO-Definition ganzheitlich zu verstehen und betont, dass es nicht nur um die Abwesenheit von Krankheit geht.

- *Das Körperzimmer:* Erfassung und Bewertung des körperlichen Zustands, Training und Fitness, Regeln zur aktiven Lebensführung, gesunde Ernährung, Steigerung der Erholungsfähigkeit, Körperbewusstsein → Motto „Präventives Gesundheitsverhalten und Steigerung der körperlichen AF".

© Springer Fachmedien Wiesbaden 2016
M. Treier, *Betriebliches Arbeitsfähigkeitsmanagement,* essentials,
DOI 10.1007/978-3-658-13102-9_3

Abb. 3.1 Haus der Arbeitsfähigkeit

- *Das Psychozimmer:* Ermittlung der Stresstoleranz bzw. der psychischen Widerstandskraft (Resilienz), konstruktiver Umgang mit Zeit, problemlösungsorientierte Bewältigung, Selbsteinschätzung eigener Ressourcen, Auseinandersetzung mit emotionalen Widerständen wie Ängsten → Motto „Selbstachtsamkeit und Selbstwirksamkeit".

Ohne Gesundheit keine Arbeitsfähigkeit Die Gesundheit ist die Voraussetzung für die Arbeits- und Beschäftigungsfähigkeit. Der demografische Wandel und die Tendenz der Zunahme psychischer Störungen im Kontext des Arbeitslebens wie Burn-out und Depressionen lassen den Besucher im Haus der AF länger im Erdgeschoss verweilen. Er lernt die Erschöpfungsspirale kennen (Riechert 2011, S. 42 ff.). Im Erdgeschoss lassen sich derzeit viele Sorgen um die AF in „Vitrinen" begutachten (siehe Kap. 2.2). Dort präsentieren sich renommierte *Gesundheitsdiebe* (Uhle und Treier 2015, S. 21 ff.):

- *Das Gewichtsproblem:* Die Prävalenz von Übergewicht und Adipositas bewegt sich gemäß der Nationalen Verzehrstudie[1] in Deutschland auf hohem Niveau. Der Zusammenhang zwischen Gewicht und AF ist bildlich als drückende Last

---

[1] Zur Nationalen Verzehrstudie siehe http://www.mri.bund.de/NationaleVerzehrsstudie!

zu visualisieren. Indikatoren sind nicht nur erhöhtes Körpergewicht, sondern v. a. Bauchumfang und „schlechte" Blutfettwerte.

- *Die Volksgeißel Zucker:* Diese und andere Stoffwechselerkrankungen beeinflussen lange Zeit die AF nicht, sondern schwelen im Hintergrund. Wenn dann die Krankheit ausbricht, sind irreversible Folgen festzustellen. Selten tritt Diabetes für sich alleine auf, sondern ist mit weiteren Erkrankungen vergesellschaftet. Bei diesem Risiko-Quartett wird vom metabolischen Syndrom gesprochen: Bluthochdruck, veränderte Blutfettwerte, Insulinresistenz und abdominelle Fettleibigkeit.
- *Die chronische Bewegungsarmut:* Die Deutschen bewegen sich mehr, aber laut WHO-Definition reicht die Bewegungsmenge noch nicht aus. Vier Fünftel der Erwachsenen erzielt nicht den Aktivitätsrichtwert von mindestens 2,5 h wöchentlich. Den Schweinehund zu überwinden, erfordert eine beständige Aktivierung der Mitarbeiter mithilfe von Bewegungsprogrammen[2].
- *Alterskorrelierte Funktionseinschränkungen:* Viele alltagsrelevante Funktionen wie isometrische Handgreifkraft, Mobilität, Beinkraft oder statisches Gleichgewicht nehmen mit dem Alter ab. Krankheiten des Muskel-Skelett-Systems und des Bindegewebes gewinnen mit dem demografischen Wandel an Bedeutung. Die alternsgerechte Arbeitsgestaltung ist hier ein Handlungsfeld.
- *Die psychische „Überlastung":* Stress, Schlafstörungen, Gereiztheit und Müdigkeit sind einige berichtete Beschwerden in Gesundheitsbefragungen. Die Ergebnisse der Studien sind erschreckend, denn die mit der Zunahme psychischer Belastungen verknüpften psychischen Störungen erzielen nicht nur bei älteren, sondern zunehmend auch bei jüngeren Menschen auffällige Ausprägungen. So weisen im Durchschnitt acht Prozent der Teilnehmer der DEGS-Studie[3] eine Depression oder ein depressives Syndrom auf. Bei über vier Prozent der Befragten ist ein Burn-out-Syndrom festgestellt worden – hier ist aber die Problematik der Differenzialdiagnostik zu beachten. Stressbelastungen scheinen ein Dauerbrenner zu sein (vgl. ◌ Lohmann-Haislah 2012).

Dabei geht es nicht nur um die funktionelle Kapazität im Sinne der *Funktionstüchtigkeit,* sondern in Anbetracht der Zunahme der Arbeitsdichte auch um die *psychische Widerstandskraft* im Sinne der Biegsamkeit. Daher verwundert es nicht, dass im Erdgeschoss in Nischen ein Fitness-Center (Körper), ein Saunabereich und eine

---

[2] Die Bewegungsstudie der Techniker Krankenkasse „Beweg Dich, Deutschland" bietet viele Anregungen, wie man den Arbeitsalltag trotz Bildschirmarbeitsplatz & Co. bewegter gestalten kann (http://www.tk.de/tk/themen/kampagne-bewegung/568808).

[3] Repräsentative Daten erhält man bspw. von der aufwendigen DEGS-Studie des Robert Koch Instituts als bundesweiter Gesundheitssurvey (www.degs-studie.de).

Musikecke (Entspannung), eine offene Küche (Ernährung) und eine Schlafgelegenheit (Erholung) integriert sind. Die Abb. 5.1 manifestiert aber, dass die Verhaltensprävention zwar eine Wende im Verlauf der altersbezogenen Entwicklung der AF zeitigen kann, aber sie allein die Kehrtwende nicht schafft. Der Schulterschluss mit der Verhältnisprävention (siehe Kap. 3.4) ist erforderlich.

Die Beheizung Damit das Erdgeschoss warm ist, führen Pipelines in das Erdgeschoss. Diese Heizungsrohre als *persönliche Ressourcen* sind aus Sicht des AFM mit folgenden Inhalten zu betanken:

- *Erholungsfähigkeit:* Immer mehr Mitarbeiter haben Probleme, sich von beanspruchenden Tätigkeiten zu erholen. Dies gilt nicht nur für Schichtarbeit. Die eigentlichen Erholungszeiten werden entweder für andere Aufgaben zweckentfremdet oder die mangelnde Erholungsfähigkeit führt zur unzureichenden Ausschöpfung der Erholungsphasen (Beispiel Schlafverhalten).
- *Gesundheitsverhalten:* Hier geht es nicht nur um die Klassiker Gewichtsmanagement und Bewegungsmenge, sondern auch um Gesundheitsbewusstsein sowie um soziale und psychische Prävention. Hinzu kommt die Bereitschaft, sich mit der eigenen Körperlichkeit zu befassen und eigenes Risikoverhalten zu identifizieren. Hier sind viele Menschen vergleichsweise blind.
- *Selbstwirksamkeit:* Gemäß gesundheitspsychologischer Modelle wirkt Selbstwirksamkeit nachweislich positiv als personale Gesundheitsressource beim Umgang mit Stress, beim Bewältigen von chronischen Schmerzen, beim Aufbau von konstruktiven Gesundheitsverhalten und bei der Vermeidung von Risikoverhalten etc. (vgl. Renneberg und Hammelstein 2006, S. 143 ff.).
- *Körperliche AF:* Chronische Schmerzen führen zur Leistungsminderung. Vielfach sind diese spürbaren Einschränkungen nicht das Kernproblem, sondern durch den steigenden Arbeitsdruck entsteht eine chronische Erschöpfung (Erschöpfungsspirale), der wiederum mit aktivierenden Substanzen von Kaffee über aufputschende Medikamente bis zu suchtfördernden Substanzen begegnet wird. Hier entsteht ein Teufelskreislauf der nachlassenden AF, der von den Betroffenen kaum selbst durchbrochen werden kann.

Betrieblicher Ansatzpunkt im ersten Stockwerk ist die **Gesundheitsförderung**. Sie setzt auf die Verhaltensprävention. Dabei gibt es zwei Hebel. So können zum einen Krankheiten vermieden werden (bspw. Impfungen) und/oder zum anderen Gesundheitsressourcen aufgebaut werden (bspw. Gesundheitskompetenz). Zu beachten ist, dass es nicht nur um die aktuelle funktionelle Kapazität geht, sondern auch um entsprechende physische und mentale Reserven, die eine angemessene Erholung ermöglichen und vor Überlastung schützen. Die Trias *„Bewegung, Ernährung und Entspannung"* ist im Erdgeschoss quasi der Web- und Treibstoff für die AF.

3.2 Zweites Stockwerk: Die Kompetenz

Handlungsorientierte Kompetenz Vom Erdgeschoss geht es nun zum zweiten Stockwerk. Überraschend stößt der Besucher hier auf eine lichtdurchflutete Halle, deren Umfang sich nicht erschließt. So lassen sich keine Zimmer ausmachen, und der Gesamtraum wirkt einladend und offen. Säulen und kaskadenähnliche Elemente teilen den Raum in kleinen Rotunden ein. Ein mäandrisch laufender Weg schlängelt sich durch die Halle des Wissens. In den einzelnen Kreisen finden sich Informationen zu Fach-, Methoden-, Medien- und Sozialkompetenzen. Bevor jedoch der Besucher die Exkursion beginnt, erhält er von einem Wissenscoach einen Fahrplan zur guten Kompetenz, damit er bei der exponentiellen Wissensinflation die Orientierung behält und sich nicht verzettelt. *Was ist gut?* Gut ist aus Sicht der AF eine *handlungsorientierte Kompetenz*, denn Schubladenwissen trägt nicht zur Steigerung der AF bei (Treier 2011, S. 131 ff.). Gerade die Fähigkeit zu lernen, wird oftmals mit dem zunehmenden Alter vernachlässigt. Der Fahrplan macht deutlich, dass es nicht das Ziel ist, alle denkbaren Kompetenzstationen aufzusuchen. In Anbetracht der Halbwertzeit des Wissens und der Turbulenzen im Anforderungsbereich muss vielmehr der Mitarbeiter befähigt werden, mit seinem bisherigen Erfahrungswissen neues Wissen in authentischen Handlungssituationen generieren zu können. Aus berufspädagogischer Sicht gilt es zu ermöglichen, aber nicht den Weg als Instruktion vorzugeben (Ermöglichungsdidaktik nach Rolf Arnold) (Arnold und Tutor 2007). Lernerfahrungen werden transferorientiert zur Steigerung der AF genutzt. Lernen versteht sich damit als aktiver, situierter, sozialer und motivierter Prozess. Das zweite Stockwerk bietet viele Gelegenheiten, Erfahrungen zu sammeln und sich mit Besuchern auszutauschen. Flankierend bietet eine kompetenzorientierte Beratung durch Wissenscoachs die Chance, die eigene *Kompetenzbilanz* in Bezug auf die AF zu bewerten und Strategien zur Kompetenzerweiterung zu entwickeln. Man könnte hier von einer *lernenden AF* sprechen.

Ohne Kompetenz keine Arbeitsfähigkeit Berufsspezifische Kompetenz ist neben Gesundheit ein zentraler Baustein, um die Arbeits- und Beschäftigungsfähigkeit zu erhalten und zu fördern. Genauso wie Gesundheit wandelt sich diese mit Verlauf eines Arbeitslebens. Oftmals ist das Wissensblatt perforiert. Deshalb benötigen wir hier Konzepte zum lebenslangen Lernen, die Befreiung von der Fixierung auf formelle Lernsituationen und lebenszyklusorientierte Lernmodelle (vgl. Preißing 2010, S. 141 ff.). Der arbeitsfähige Mitarbeiter soll den wandelnden Anforderungen der Arbeitswelt gerecht werden können. Das Ziel ist eine *professionelle Handlungskompetenz*, die ermöglicht, dass der Mitarbeiter selbstorganisiert neues und bewährtes Wissen zur Verrichtung der Arbeitsanforderungen einsetzen kann. Unter Handlungskompetenz wird mithin die Fähigkeit beschrieben, Kenntnisse und Fertigkeiten problemlösungsorientiert und situationsgerecht in eigener Verantwortung und kritischer Selbstreflexion einzusetzen. Dabei geht es um umfassende Kompetenzen, also um Wissen, Können und Wollen. Das Hauptproblem ist *träges Wissen* bzw. die Schere zwischen Wissen und Handeln. Daher ist es wichtig, dass der Besucher im zweiten Stock die Möglichkeit hat, das eigene Repertoire an Handlungsschemata weiterzuentwickeln (Akkommodation).

Die Beheizung Pipelines erwärmen die „Beletage". Diese Pipelines sind aus Sicht des AFM mit folgenden Inhalten zu befüllen:

- *Alternsgerechte Lernkonzepte:* Hier gilt es dem Dequalifizierungsrisiko älterer Mitarbeiter durch geeignete, alternsgerechte didaktische Lernkonzepte entgegenzuwirken, die mithilfe flexibler Lernarrangements und adaptiver Lernmedien auf das bisherige Erfahrungswissen aufbauen.
- *Arbeitsplatzimmanentes Lernen:* Berufserfahrung hängt vom Komplexitätsniveau der Aufgabe ab. Die Aufgabe kann als Anregung zum Lernen dienen. Gerade für ältere Mitarbeiter ist das Lernen im Arbeitsprozess konstruktiv, da sie ihr Erfahrungswissen direkt in den Arbeitsvollzug berücksichtigen können. Das Lernpotenzial resultiert also aus der Arbeitsaufgabe.
- *Empowerment:* Die Autonomie zum Handeln fördert die AF. Dies kann zum einen durch Führung und Organisation erfolgen, indem entsprechende Ressourcen zur Verfügung gestellt werden. Zum anderen sind Maßnahmen vonnöten, die die Selbstorganisationsfähigkeit steigern helfen.
- *Gesundheitskompetenz:* Die Gesundheitsbildung als betriebliches Handlungsfeld zielt auf die Stärkung persönlicher Ressourcen im Umgang mit belastenden Situationen. Entscheidend ist dabei die Begleitung des Lernenden, damit der Lernende den Schritt vom widerspenstigen zum motivierten Gesundheitsverhalten schafft. Dies erfordert eine aktivierende Gesundheitsbildung, die auf Selbstwirksamkeit setzt.

- *Lebenslanges Lernen:* Arbeitsfähige Mitarbeiter müssen lernfähig sein. Dies ist eine Schlüsselkompetenz. Damit ist die lebenslange Befähigung zum Lernen als Handlungsfeld zu adressieren. Diese Pipeline befördert sowohl Personalentwicklungsstrategien unter Beachtung der Biografie als auch Ansätze zur Optimierung des individuellen Wissensmanagements.

Betrieblicher Ansatzpunkt im zweiten Stockwerk ist das **Kompetenzmanagement** (North et al. 2013).

Dabei gewinnt die verhaltensorientierte Personalentwicklung an Bedeutung. Mentoring und Coaching über erlebnisorientierte Aktivitäten bis zu simulierten Lernumwelten ermöglichen, komplexes Handlungswissen transferorientiert abzubilden. Der Lernende steht mit seiner Selbstorganisationskompetenz im Vordergrund. Für die AF spielt das „Lernen zu lernen" als Schlüsselkompetenz vor dem Hintergrund des demografischen Wandels eine maßgebliche Rolle. Bei der wissensorientierten Personalentwicklung ist darauf zu achten, dass sich die kognitive Verarbeitungskapazität mit dem Alter wandelt. Multimediale und virtuelle Lernarrangements können sich adaptiv und flexibel auf die lernenden Mitarbeiter einstellen und die Nähe zur Arbeitstätigkeit gewährleisten.

3.3 Drittes Stockwerk: Die Werte

Positive Einstellungen Eine Rolltreppe lädt ein, das dritte Stockwerk zu besuchen. Ein großer Raum mit Bannern an den Wänden, aber ansonsten keinen anderen Exponaten außer drei Säulen und einem Karussell lässt den Besucher unschlüssig sein, was die Ausstellung hier bezweckt. Auf den Bannern an den Wänden finden sich Werte wie Selbstständigkeit, Kreativität oder Toleranz. Ein Karussell wird von drei Säulen umringt, die Ausdruck für das *Arbeitsverständnis der Moderne* sind und als Garanten für eine positive Einstellung im Arbeitsleben fungieren:

1. Säule der Anerkennung
2. Säule der Selbstverantwortung
3. Säule des Vertrauens

An den Säulen stehen Personen auf Podesten und diskutieren mit Besuchern. Sie stellen sich als Führungskräfte vor und betonen gestikulierend, dass ein Unternehmen nicht nur gesunde und kompetente, sondern v. a. auch motivierte, kreative und selbstverantwortliche Mitarbeiter benötigt. Ein *modernes Organisationsverständnis* definiert sich über Handlungsspielraum, Mitunternehmertum und Dialog. Der Mitarbeiter wird gefordert, aber auch gefördert. Die Persönlichkeit des Einzelnen wird wertgeschätzt. Um mehr über den Wandel zu erfahren, bietet sich eine Fahrt mit dem Wertekarussell an, um dem Wertewandel wie in einem Film nacherleben zu können. Dabei ist das Sujet vom Gedanken der Motivierung geprägt. Ziel ist es, einen Motivationsinfarkt im Unternehmen zu verhindern. *Motivation zahlt sich aus*, aber sie hängt nicht nur von Anreizen, sondern auch von den Einstellungen ab. Zudem muss die Passung zu den Arbeitsbedingungen gewährleistet sein (siehe Kap. 3.4). Die Schlüsselvariable ist die *Selbstbestimmung in einer beteiligungsorientierten Kultur* (vgl. Nerdinger und Wilke 2009).

Hinweis Diese Darstellung erweitert den Blick „Werte" (vgl. Tempel und Ilmarinen 2013, S. 66 ff.) auf *wertebezogene Herangehensweisen* in der Organisation. Der Übergang zur Etage „Arbeit" mit seinen Verhältnisfaktoren ist fließend.

Ohne Werte keine Arbeitsfähigkeit Werte schaffen eine Arbeitspersönlichkeit. Die Theorie X der Führungslehre nach McGregor (1985), die den Mitarbeitern Initiative und Verantwortungsbereitschaft absprechen, weicht der Theorie Y und Z, die selbstverantwortliche und kreative Mitarbeiter in den Vordergrund rücken. Künftig wird die Wertearbeit in Organisationen eine bedeutsame Rolle spielen (vgl. Treier 2011, S. 140 ff.; Köster 2010). V. a. gilt es, die *Mitarbeiterbindung* als psychologisches Band zwischen Mitarbeitern und Organisation zu festigen (Felfe 2008). Es geht um Vertrauen und Commitment als Grundlage für einen psychologischen Vertrag. Unternehmensleitbilder und Führungsrichtlinien übersetzen Werte in Maximen, aber wichtiger als das Schriftgut ist der authentische Dialog, der erst eine Kultur lebendig werden lässt. Glaubhaftigkeit erzielt man durch Beteiligung. *Partizipative Modelle* ermöglichen Autonomie für den Einzelnen und für das Team. Autonomie schafft über Wertschätzung Identifikation und damit emotionale Bindung. Mitarbeiter erfahren dadurch eine Potenzierung ihrer Arbeitsfähigkeit, denn eine *Wertekongruenz* birgt viele Vorteile:

- Erhöhte Motivation, seine AF für die Organisation einzusetzen
- Weniger Absentismus – also weniger motivational bedingte Fehlzeiten
- Erhöhte Bereitschaft zur sozialen Unterstützung (Organizational Citizenship Behaviour)
- Konstruktiver Umgang mit Konflikten und Auseinandersetzungen
- Erhöhtes freiwilliges Arbeitsengagement
- Weniger Fluktuation, da stärkere Bindung an das Unternehmen

Die Beheizung Die nicht verkleideten Pipelines sind die *Handlungsfelder* einer werteorientierten Personal- und Unternehmensarbeit. Dazu gehören v. a. Führung mit Werten (transformationale Führung), kulturbewusste Personalentwicklung, Akzeptanz von Vielfalt (Diversity-Management), Motivation durch selbstbestimmte Arbeitsinhalte (Job Enrichment) oder die Vereinbarkeit von Beruf- und Privatleben (Work-Life-Balance). In diesen Handlungsfeldern verwirklichen sich die personengebundenen Werte im Rahmen der Organisationswerte. Sinnerfüllung, Identifikation und Engagement sind wertebezogenen Zielfelder einer *erweiterten AF*. Studien wie der Engagement-Index Q12® des Beratungsunternehmens Gallup[4] zeigen, dass der Anteil der Befragten mit hoher emotionaler Bindung nur etwas mehr als 10 % ausmacht. Hier besteht noch Handlungsbedarf.

Identifikation schafft Identität und Engagement. Es wirkt sich positiv auf das Miteinander aus (sozial gebundene AF). Im Hinblick auf die persönlichen Ressourcen sind Werte wie ein Katalysator der AF, deren positive Wirkung aber gesunde und kompetente Mitarbeiter voraussetzt. Verknüpft der Mitarbeiter sein Selbstkonzept mit der Organisation, dann ist der Mitarbeiter überzeugt, dass er für die Organisation einen wertvollen Beitrag leistet. Konflikte, Stress und schwierige Arbeitsbedingungen lassen sich besser bewältigen, wenn man sich als wirksamen Bestandteil der Organisation begreift. Werte können quasi als „psychologische Antikörper" gegen psychosoziale Belastungen in Anlehnung an das Stressimpfungstraining von Donald Meichenbaum wirken.

3.4 Viertes Stockwerk: Die Arbeit

Gute Arbeit *Was ist gute Arbeit?* Dieses Leitfrage prägt das vierte Stockwerk – eine Art Maisonnettewohnung mit verglasten Räumen und einer Empore als lichtdurchflutete Galerie. Diese erlaubt den Blick auf die Umgebung des Hauses der AF über eine balkonartige Loggia. Entlang eines Weges kann der Besucher links und rechts in verglasten Räumen schauen, wo Bühnen aufgestellt sind und Darsteller Aspekte der guten Arbeit präsentieren. Die Themenschwerpunkte reichen von körperlichen Anforderungen (hier heben bspw. Schauspieler schwere Lasten)

---

[4] http://www.gallup.com/de-de/181871/engagement-index-deutschland.aspx.

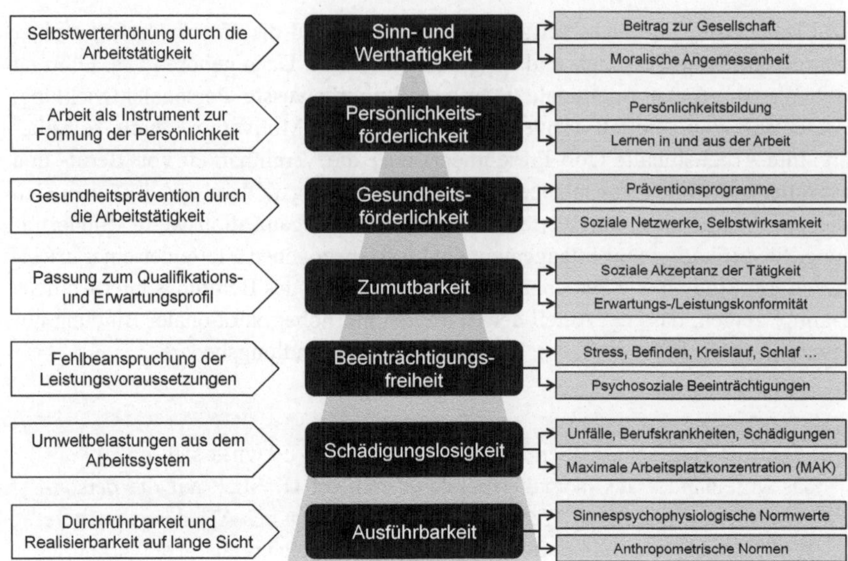

Abb. 3.2 Humankriterien der Arbeit

und Arbeitszeiten (hier kann der Besucher die Probleme bei der Nachtschicht nacherleben) bis zu den emotionalen Anforderungen (hier müssen Mitarbeiter sich mit unzufriedenen Kunden befassen) (vgl. Rudow 2014, S. 9 ff.). Auf Stafetten werden Ergebnisse des DGB-Index[5] „Gute Arbeit", der seit 2007 jährlich erfasst wird und eine repräsentative Übersicht zur *Qualität der Arbeitsbedingungen* bietet, kommuniziert. Das dritte Stockwerk „Werte" findet hier mit ihren Maximen ebenfalls positiven Widerhall.

Humankriterien der Arbeit Die Humanisierung der Arbeitswelt ist in Anbetracht der knappen Ressource Personal ein bedeutsames unternehmerisches Anliegen. Die Humankriterien zu erfüllen, bedeutet die AF steigern helfen (Abb. 3.2; Treier 2011, S. 56). Aus rechtlicher Sicht wird der Anspruch „Gute Arbeit" v. a. durch das Arbeitsschutzgesetz im Paragraf 2 verankert. Der Paradigmenwechsel offenbart sich in der Abkehr von einer „schmutzfreien Regenschirmmentalität" mit dem Ziel der Reduktion gefährdender Bedingungen hin zu einem ressourcenaufbauenden,

---

[5] http://index-gute-arbeit.dgb.de/ Der DGB-Index wird bisweilen aufgrund seiner subjektiven Erhebungsmethode und seiner normativen Bewertungen kritisiert, dennoch bereichert er den Diskurs zur Arbeitsgüte (vgl. Lippoth und Schweres 2010).

salutogenetischen Konzept der „guten Arbeit" (Uhle und Treier 2015, S. 40 ff.). *„Was hält den Menschen trotz mannigfaltiger Belastungen gesund?"* – mit dieser Frage befasst sich Aaron Antonovsky mit seinem Konzept der Salutogenese. Ein zentraler Baustein ist dabei das Kohärenzgefühl (Vertrauen).

> Als human werden Arbeitstätigkeiten bezeichnet, die die psychophysische Gesundheit der Arbeitstätigen nicht schädigen, ihr psychosoziales Wohlbefinden nicht – oder allenfalls vorübergehend – beeinträchtigen, ihren Bedürfnissen und Qualifikationen entsprechen, individuelle und/oder kollektive Einflussnahme auf Arbeitsbedingungen und Arbeitssysteme ermöglichen und zur Entwicklung ihrer Persönlichkeit im Sinne der Entfaltung ihrer Potenziale und Förderung ihrer Kompetenzen beizutragen vermögen. (Ulich 2011, S. 154)

Alles rund um die Arbeit Erst die Verhältnisfaktoren in der Arbeitswelt ermöglichen eine *nachhaltige AF*, denn sie schaffen den Raum, wo sich personelle Ressourcen wie Gesundheit, Kompetenz und Werte entfalten können. Sie sind die Bühne, wo die Schauspieler performen. Die *Kriterien der guten Arbeit* beziehen sich nicht nur auf die Arbeitsbedingungen wie Arbeitszeit und Arbeitsmittel, sondern auch auf Organisation und Führung. Führung hat in Bezug auf AF nicht nur eine kompetenz- und wertefördernde, sondern auch eine gestaltende Rolle im Hinblick auf die Arbeitsbedingungen. Gute Arbeit ist Ausdruck der Wertschätzung als Aufbaufaktor der AF (vgl. Becker et al. 2009). Der demografische Wandel betont die Notwendigkeit einer *alternsgerechten Arbeitsgestaltung* und Personalführung (Richenhagen 2007). Auch geht es dabei nicht nur um physische Belastungsfaktoren, sondern zunehmend um *psychische Belastungen* in der Arbeitswelt. Eingeschränkter Handlungsspielraum, ständige Arbeitsunterbrechungen und Erreichbarkeit, ausgeprägte Emotionsarbeit oder psychosoziale Konflikte kennzeichnen Fragestellungen der *Gefährdungsbeurteilung psychischer Belastungen*, die seit der Novellierung des Arbeitsschutzgesetzes im Oktober 2013 auch aus rechtlicher Sicht in den Fokus eines modernen AFM rücken (Treier 2015, S. 13 ff.). Aus arbeitswissenschaftlicher Sicht ist dabei nur eine *ganzheitliche Betrachtung* der Arbeit effektiv: Arbeit (Arbeitsinhalt und Arbeitsmittel), Arbeitsumgebung (Faktoren wie Lärm oder Klima), Organisation (Führung, Arbeitszeit, Arbeitsformen) bis zum sozialen Umfeld (Betriebsklima) (Schlick et al. 2010).

Die Beheizung Damit das luftige Stockwerk warm wird, wird jede Bühne einzeln beheizt. Diese Pipelines als *Organisations- und Arbeitsressourcen* sind aus Sicht des AFM mit folgenden Inhalten zu befüllen (vgl. Rudow 2014; Uhle und Treier 2015):

- *Arbeits- und Gefährdungsanalyse:* Die Analyse begreift sich nicht nur als funktions-, sondern auch als autonomieorientiert. Dazu benötigt man nicht nur objektive Daten, sondern auch das Erleben der Betroffenen ist zu erfassen, ob sie sich z. B. in ihrer Selbstwirksamkeit beengt fühlen. Das Spektrum erweitert sich von den physischen zu den psychischen Risikofaktoren. Ferner werden die Wirkungen wie Zufriedenheit und Gesundheit betrachtet. Theoretisch lässt sich dieser Ansatz durch die Handlungsregulationstheorie von Hacker (2005) begründen: Die Analyse bezieht sich auf den Prozess, die psychische Struktur und die Regulation von Arbeitstätigkeiten im Zusammenhang mit ihren Bedingungen. Arbeit ist dabei zielgerichtet. Eine Arbeits- und Gefährdungsanalyse liefert ein Maß für die Qualität der Arbeit.
- *Arbeitsimmanentes Lernen:* Lernen und Wachsen aus und mit der Aufgabe (siehe Kompetenzen im Kap. 3.2)
- *Differentielle und dynamische Arbeitsgestaltung:* Eine für alle Mitarbeiter optimale Arbeitsgestaltung und Arbeitsstruktur gibt es nicht aufgrund der interindividuellen (Vorgabe alternativer Arbeitsstrukturen) und intraindividuellen Unterschiede (Lernfortschritt und Motivationsänderungen). Daher muss auch die Option der individuellen Gestaltung in Betracht gezogen werden. Ein Handlungsfeld ist hier die alternsgerechte Arbeitsgestaltung.
- *Ergonomie:* Im präventiven AS geht es v. a. um die Vermeidung von Gesundheitsschäden bei langfristiger Ausübung einer Tätigkeit. Die Ergonomie befasst sich mit der Mensch-Maschine-Schnittstelle. Diese Schnittstellen haben sich mit der Informatisierung der Arbeitswelt in Richtung dialoggesteuerte Interfaces gewandelt. Die kognitive Ergonomie befasst sich mit der Gestaltung dieser Dialog-, Informations- und Kommunikationssysteme. Es geht um Benutzerfreundlichkeit, Fehlertoleranz oder um Selbstbeschreibungsfähigkeit in Anlehnung an die DIN EN ISO 9241 (Grundsätze der Dialoggestaltung).
- *Partizipative und lernende Organisationskultur:* Reaktion weicht Antizipation. Wissensmanagement, der Imperativ des lebenslangen Lernens und der Wunsch nach unternehmerischer Beteiligung der Mitarbeiter skizzieren ein modernes Organisationsverständnis. Es baut auf Wertschätzung des Beitrags des Einzelnen auf und setzt konsequent auf Teamlernen und Systemdenken.
- *Psychologische Arbeitsgestaltung:* Hier steht der Sinn der Arbeit im Fokus. Vollständige und intrinsisch motivierende Aufgaben, die Vermeidung von Monotonie und Fragmentierung wirken sich positiv auf Selbstwirksamkeit und AF aus.

Reihenfolge der Stockwerke
Eigentlich müsste die vierte die erste Etage sein, denn diese ist für eine nachhaltige AF maßgeblich. Im Buch von Tempel und Ilmarinen (2013, S. 75) heißt es, dass „Arbeit" das größte Stockwert im Haus sei und dass sein Gewicht von den unteren Stockwerken getragen werde. Aus bautechnischer Sicht wäre das größte Gewicht besser im Sockel zu verankern. Aber unabhängig von der Reihenfolge zeigt das Ausmaß der Etage „Arbeit", wie wichtig es ist, die Personen- und Situationsfaktoren gemeinsam zu optimieren.

3.5 Die Umgebung: Eine abwechslungsreiche Landschaft

Der Weg zum Dach Die Empore bietet nicht nur einen Blick von oben auf das Geschoss Arbeit, sondern ermöglicht, über die Loggia einen Blick nach draußen zu werfen. Ein Teleskop steht zur Verfügung und lässt die Umgebung des Hauses der AF aus der Vogelperspektive explorieren.

Das Ökosystem Das Haus der AF ist in einem Ökosystem in Anlehnung an Urie Bronfenbrenner eingebettet. Die Arbeitswelt kann nicht von äußeren Einflüssen abgeschottet werden. Der Mitarbeiter ist kein Robinson Crusoe, sondern er bringt Ressourcen und Belastungen aus der Umwelt mit ins Haus und vice versa. Es bestehen Wechselbeziehungen, die im AFM zu beachten sind. Umweltpsychologische Studien zeigen, dass bspw. Lebensstile, Crowding und Dichte, Wohnumwelt und Mobilität oder klimatische Veränderungen diese Umwelt bestimmen (vgl. Hellbrück und Kals 2012). Viele Mitarbeiter müssen bspw. zum Arbeitsort pendeln. Diese Wegezeiten wirken sich signifikant auf die AF aus. Arbeitszeitmodelle wie Gleitzeit oder alternierende Telearbeit können die Pendelbelastung minimieren.

Folgende Umwelten sind vom Teleskop aus ersichtlich:
- *Mikrosystem:* Es umfasst die unmittelbaren Beziehungsgeflechte wie Arbeit, Familie und Freunde. Damit ist das Mikrosystem der Vorgarten des Hauses der AF. Aus Sicht des AFM entstehen durch die Interaktion der Lebensbereiche Mehrfachrollen. Erwartungsdiskrepanzen können zu Rollenkonflikten führen (Rolle als Mutter und als Führungskraft).
- *Mesosystem:* Bei der Work-Life-Balance wird nicht nur ein Mikrosystem wie die Familie betrachtet, sondern die Summe der Mikrosysteme. Die Wahrscheinlichkeit der Vereinbarkeit zwischen Beruf und Familie wird bspw. durch die Möglichkeiten der Kinderbetreuung beeinflusst. Im AFM rücken Herausfor-

derungen der Vereinbarkeit mehr und mehr in den Vordergrund (Collatz und Gudat 2011). Flexibilisierung der Arbeit in Bezug auf Zeit und Ort über Themen wie Eltern- und Pflegezeit bis zur Ruhestandsvorbereitung dokumentieren Handlungsfelder des Mesosystems.

- *Exosystem:* Um das Exosystem wahrzunehmen, benötigt der Besucher auf jeden Fall das Teleskop, um die weit entfernten Objekte näher heranzuholen. Der Mitarbeiter hat hier keinen direkten Kontakt, möglicherweise gehören aber Bezugspersonen aus dem Mikro-/Meso- dem Exosystem an. So kann die Arbeitsstelle des Partners für die eigene Tätigkeit vermittelt über die Beanspruchung des Partners von Bedeutung für das „familiäre Stressvolumen" sein.

- *Makrosystem:* Hiermit werden gesellschaftliche, wirtschaftliche oder kulturelle Parameter angesprochen, die sich in politischen Entscheidungen, Gesetzen oder Normen niederschlagen (vgl. Tempel und Ilmarinen 2013, S. 88 ff.). So beeinflusst bspw. die gesetzliche Neuausrichtung des Arbeitsschutzgesetzes in Bezug auf psychische Belastungen als Gefährdungsfaktoren das AFM. Die Umwelten sind nicht statisch, sondern entwickeln sich. Ein Klassiker ist hier der demografische Wandel, der in seiner stürmischen Charakteristik auch die Grundfesten des Hauses erschüttert.

- *Chronosystem:* Der Mitarbeiter bewegt sich direkt oder indirekt innerhalb der Umwelten. Dabei verändert er sich, denn die Übergänge schaffen Impulse (Transitionen). Biografische Meilensteine wie Aufnahme einer Ausbildung oder der Ruhestand prägen das Berufsleben. Diese gestalten sich im Vergleich zu früheren Berufsbiografien dynamischer und der Wechsel zwischen den Systemen beschleunigt sich. Hinzu kommen auch unerwartete Ereignisse wie schwere Krankheiten, die verdeutlichen, dass AFM keine statische Aufgabe ist. Wir sprechen daher auch von einer „elastischen" AF.

Neue Elastizitätsmuster Als Herausforderungen im AFM kristallisieren sich die *„Sowohl als auch"-Situationen* heraus. Selten geht es nur um Gesundheitsförderung, Kompetenzsteigerung oder Risikoreduktion. Meistens ergeben sich komplexe und dynamische Situationen mit widersprüchlichen Anforderungen. Im Führungsbereich wird dies unter dem Stichwort „Balance Management" diskutiert (Lanwehr et al. 2013). AFM respektiert, dass es nicht nur eine Stoßrichtung gibt, sondern hinsichtlich der wechselwirkenden Umwelten sind alle Etagen zu beheizen. Dabei muss das AFM auch Widersprüche und Störungen zulassen, solange das Haus als Ganzes in der Balance bleibt und nicht in den Grundfesten erschüttert wird. Eine verträgliche Allianz der Lebensdomänen zu schaffen, ist auch Zielsetzung einer nachhaltigen AF.

Im Folgenden wird erläutert, wie sich Arbeitsfähigkeit messen lässt. Das Haus der AF dient als Grundlage für eine Operationalisierung. Auf der Verhältnisseite bildet eine in Bezug auf psychische Belastungen erweiterte Gefährdungsanalyse die Etage „Arbeit" ab. Die Etage „Gesundheit" lässt sich bspw. durch den Klassiker „Work Ability Index" bewerten. Im Rahmen einer erweiterten Gesundheitsanalyse (Radar zur AF) können beide Ebenen integriert werden. Hier lassen sich auch Kennzahlen zur zweiten (Kompetenzen) und dritten Etage (Werte) berücksichtigen. Sie ergeben sich meistens aus anderen Quellen wie Mitarbeiterbefragungen oder aus dem Bildungscontrolling.

4.1 Basisdaten – Die Gefährdungsanalyse

Bedeutungszuwachs psychischer Belastungen Arbeitsverdichtung, Beschleunigung, Entgrenzung, Flexibilisierung und Informatisierung verändern die betriebliche Belastungssituation. Immer mehr Eigenverantwortung und Anpassungsfähigkeit werden von den Beschäftigten erwartet (Homo Flexibilis). Studien belegen, dass psychische Störungen die AF drastisch einschränken können – Hochkonjunktur hat die Trias „Stress, Mobbing, Burn-out" (vgl. Litzcke et al. 2013). Die fünfte Europäische Erhebung über die Arbeitsbedingungen (🖰 Eurofound 2012) bestätigt den Zusammenhang zwischen Arbeitsbedingungen und psychische Gesundheit. Zu den *psychosozialen Risiken* zählen hier hohe Arbeitsintensität, emotionale Anforderungen, geringe Selbstbestimmung, schlechte Beziehungen, ethische Konflikte sowie Arbeitsplatzunsicherheit. Wer AF als Bewertungsmaß in seiner Organisation nutzen will, sollte sich mit den Gefährdungsfaktoren auseinandersetzen. Regelungen zur Gefährdungsanalyse findet man im Arbeitsschutzgesetz (ArbSchG), im Arbeitssicherheitsgesetz (ASiG), im Betriebsverfassungsgesetz

© Springer Fachmedien Wiesbaden 2016
M. Treier, *Betriebliches Arbeitsfähigkeitsmanagement*, essentials,
DOI 10.1007/978-3-658-13102-9_4

(BetrVG) bzw. Personalvertretungsgesetzen (PersVGn) (BAuA 2014, S. 39). Im Hinblick auf die AF sollten klassische wie Lärm und psychische Belastungsfaktoren wie Aufgabeninhalt gleichermaßen erfasst werden. Anerkannte arbeitswissenschaftliche Erkenntnisse und arbeitspsychologisches Wissen bestimmen das bedingungsbezogene Bewertungsmaß (vgl. Schlick et al. 2010; Ulich 2011).

> Das **Ziel der Gefährdungsanalyse** ist die Verhältnisprävention. Gefährdungen auf der physischen und psychischen Ebene müssen ermittelt und beurteilt werden. Falls Risikofaktoren vorhanden sind, gilt es diese falls möglich zu verändern. Maßnahmen sind in Bezug auf ihre Wirksamkeit zu kontrollieren.

Methodenvielfalt Die Instrumente zur Gefährdungsanalyse stehen in der Tradition der Arbeitsanalyse. Gefährdungen werden durch Beobachtungen vor Ort von Experten, durch Befragungen der Betroffenen oder durch Dokumentenanalysen erfasst (BAuA 2014, S. 45 ff.; Treier 2015). Auch eignen sich bei einer Tiefenanalyse moderierte Analyseworkshops. Inwieweit die klassische Gefährdungsanalyse getrennt oder gemeinsam mit der Gefährdungsbeurteilung psychischer Belastungen erfolgt, hängt von den Erfahrungswerten und Prozessen im Unternehmen ab. Meistens empfiehlt sich eine getrennte Abbildung. Die psychischen Risikofaktoren stehen im engen Zusammenhang mit der AF.

Konkrete Verfahren In der Regel unterscheidet man zwischen orientierenden, Screening- und vertiefenden Expertenverfahren in Abhängigkeit von der Prüftiefe der zu betrachtenden Merkmale und Bewertungsstufen (vgl. Richter 2010, S. 28 ff.). Aus Sicht des AFM bietet es sich an, *bedingungsbezogene subjektive Verfahren* auf Screening-Ebene einzusetzen, da sie zur der Messung der AF kompatibel sind (siehe Kap. 4.2). Solche Instrumente sind bspw. der Kurzfragebogen zur Arbeitsanalyse (KFZA) oder der daraus abgeleitete Impuls-Test/2[1].

Der Schritt zur Person Zu empfehlen ist im AFM eine Ergänzung der Verhältnissicht durch Größen der Verhaltensprävention. Diese setzen am Gesundheitszustand (psychisch und physisch), an den Beschwerden, am Gesundheitsverhalten und bewusstsein, an der Erholungsfähigkeit und am Bewältigungsverhalten (Selbstwirksamkeit) an. In diesem Kontext hat sich v. a. in Bezug auf die erste Etage

---

[1] www.impulstest2.info.

„Gesundheit" ein Index bewährt, der in vielen Unternehmen zum Einsatz kommt und als Referenzgröße für die AF gilt – der *Arbeitsbewältigungsindex*.

4.2 Der Arbeitsbewältigungsindex – Ein Wegweiser aus Personensicht

Betrachtung der Folgen Belastende Arbeitsbedingungen spiegeln sich in der funktionellen Kapazität der Beschäftigten wider. Insofern ist der Index zur AF ein wichtiges Frühwarninstrument im Sinne des Risikomanagements und gleichermaßen ein Evaluationsinstrument zum Nachweis der Wirksamkeit von Maßnahmen. Das Ziel ist, *„der Balance ein Maß zu geben"* (Tempel und Ilmarinen 2013, S. 95 ff.) und damit für AFM ein Arbeitsfähigkeitscontrolling zu ermöglichen. Die Kernfrage lautet:*„ Wie geht es den Beschäftigten, die eine Arbeit unter bestimmten Bedingungen verrichten? "* Damit springt der Blickwinkel weg von den Belastungen zu den Beanspruchungen (Uhle und Treier 2015, S. 105 ff.). Eine *Beanspruchung* ist eine unmittelbare Auswirkung der Belastung im Individuum in Abhängigkeit von seinen Ressourcen. Meistens betrachtet man bei den Folgen die mittel- und langfristigen Auswirkungen. Diese können positiv oder negativ sein. Veränderungen in der AF sind nur bei längerfristiger Beanspruchung nachzuweisen. Die Ergebnisse einer ABI/WAI-Analyse liefern den Organisationen Hinweise, wo Handlungsbedarf besteht, um die AF zu fördern.

Der Fragebogen zur Arbeitsfähigkeit Beim Work Ability Index (WAI)[2] bzw. Arbeitsbewältigungsindex (ABI) handelt sich um einen Fragebogen, der entweder von den Befragten selbst oder von Dritten, z. B. Psychologen oder Ärzten, ausgefüllt wird. Der Fragebogen kann im Rahmen einer individuellen Therapie zur Erst-/Fortschrittskontrolle oder anonym als Mitarbeiterbefragung Verwendung finden, um die „organisationale AF" (durchschnittliche Betrachtung klassifiziert nach demografischen Daten oder Befragungseinheiten) abzubilden. Mit dem Fragebogen werden Angaben zum Gesundheitszustand und eine Einschätzung der eigenen AF erfasst. Weitere Fragen beschäftigen sich mit der Befindlichkeit und Motivation. Dieser Fragebogen baut auf das Modell der Förderung der AF auf. Die Tab. 4.1 stellt die Dimensionen des WAI vor (Tempel und Ilmarinen 2013, S. 115 ff.).

---

[2] WAI-Netzwerk: http://www.arbeitsfaehigkeit.uni-wuppertal.de. Dort stehen die Fragebögen zur Verfügung.

Tab. 4.1 Dimensionen des WAI/ABI

Dimension	Erläuterungen
Demografie	⟩ *Variabel in Abhängigkeit von der Befragungstiefe* ⟩ Klassifikation, ob geistige oder körperliche Tätigkeit
Einschätzung der Arbeitsfähigkeit	⟩ *Die erste Dimension wird mit einem Item erfasst.* ⟩ Aktuelle AF im Vergleich zu der besten, je erreichten AF ⟩ Die Skala reicht von 0 (völlig arbeitsunfähig) bis 10 (beste AF). ⟩ Die rechtsschiefe Verteilung hat in der Regel einen Mittelwert von 8 bis 9.
Arbeitsfähigkeit in Bezug zu Anforderungen	⟩ *Die zweite Dimension wird mit zwei Items erfasst.* ⟩ AF in Bezug auf körperliche und psychische Arbeitsanforderungen ⟩ Die Skala reicht von 1 (sehr schlecht) bis 5 (sehr gut). ⟩ Die Gewichtung erfolgt in Abhängigkeit von der Klassifikation.
Diagnostizierte Krankheiten	⟩ *Die dritte Dimension erfasst aktuell diagnostizierte Krankheiten.* ⟩ Die Langversion erfasst 51 Krankheiten, die Kurzversion nur 14 Krankheitsgruppen. Ansonsten bestehen keine Unterschiede. ⟩ Es werden Unfallverletzungen, Erkrankungen des Muskel-Skelett-Systems und Herz-Kreislauf-Erkrankungen erfasst. ⟩ Die Skala berücksichtigt drei Zustandswerte, nämlich „eigene Diagnose", „Diagnose vom Arzt" und „liegt nicht vor".
Beeinträchtigung der Arbeitsleistung	⟩ *Die vierte Dimension wird mit einem Item erfasst.* ⟩ Geschätzte Beeinträchtigung der Arbeitsleistung durch die Krankheiten ⟩ Die Skala reicht von 6 (keine Beeinträchtigung) bis zu 1 (meiner Meinung nach bin ich völlig arbeitsunfähig).
Krankenstand	⟩ *Die fünfte Dimension wird mit einem Item abgebildet.* ⟩ Hier gibt der Befragte den durch ein gesundheitliches Problem verursachten Krankenstand in den vergangenen zwölf Monaten an. ⟩ Die Skala reicht von 5 (überhaupt keinen) bis 1 (100-365 Tage).
Zukünftige Arbeitsfähigkeit	⟩ *Die sechste Dimension wird mit einem Item bestimmt.* ⟩ Einschätzung der AF in zwei Jahren mit der Frage, ob die derzeitige Arbeit auch in den nächsten zwei Jahren ausübbar sein wird ⟩ Dreistufige Skala: 1 (unwahrscheinlich), 4 (nicht sicher) und 7 (ziemlich sicher)
Psychische Leistungsreserven	⟩ *Die siebte Dimension wird mit drei Items ermittelt.* ⟩ Hier geht es um die individuelle psychische Widerstandskraft. ⟩ Erfasst wird die Freude an der Arbeit, die Aktivität und die Zuversicht. ⟩ Die Skalen sind fünfstufig mit verschiedenen verbalen Bewertungsankern.
Gesamtergebnis	⟩ **Arbeitsbewältigungsindex ABI** ⟩ Berechnungsvorschrift: Additives Modell (erzielte Punktwerte in den Dimensionen werden summiert, teilweise liegen Gewichtungen vor). ⟩ Bei der Interpretation ist der Bezug zur aktuell ausgeübten Tätigkeit wichtig. ⟩ Der Gesamtwert variiert zwischen 7 und 49 Punkten. | Gesamtwert ABI | Interpretation | Maßnahmenrichtung AF | | 7-27 | schlecht | AF wiederherstellen | | 28-36 | mäßig | AF verbessern | | 37-43 | gut | AF unterstützen | | 44-49 | sehr gut | AF erhalten | ⟩ Kurz- und Langversion erzielen analoge Werte. Aus Praxissicht sollte man bei Mitarbeiterbefragungen zur AF die Kurzversion wählen. ⟩ Referenzwerte liegen vor. Internes und externes Benchmarking ist möglich.

Zur Qualität des ABI Der Fragebogen ist anerkannt und wird in der Praxis und in wissenschaftlichen Studien verwendet (⌂ BAuA 2013). Das Instrument ermöglicht zuverlässige Aussagen zur AF der Beschäftigen. *Aber was misst das Instrument?* Da das Konstrukt aus verschiedenen Skalen additiv berechnet wird, kann man die Frage eigentlich nicht beantworten. Dennoch belegen empirische Studien die Bedeutsamkeit und die Prädiktionskraft des teilweise noch ungeklärten Konstrukts AF.

> Der WAI (ABI) ist in den 1980er bis 90er Jahren in Finnland in zahlenreichen multidisziplinären klinischen und umfassenden Längsschnittstudien validiert worden. (Hasselhorn und Freude 2007, S. 14)

Die folgenden Kriterien skizzieren das **Güte- bzw. Qualitätsprofil des ABI**:

- *Benchmarking:* Referenzwerte liegen vor. Auch internes Benchmarking ist möglich.
- *Erfassungsmodalitäten:* Online-, Offline- oder Hybrid-Erfassung
- *Personen- und Organisationssicht:* Unterschiedliche Herangehensweisen bei individualbezogener Erfassung (betriebsärztliche Aufgabe bspw. zur Ermittlung drohender Frühverrentung) oder Erfassung der AF der Belegschaft (anonymisierte Erfassung der Arbeits- und Leistungsfähigkeit der Organisation oder bestimmter Risikobereiche/-gruppen) sind zu beachten.
- *Praktikabilität:* Der ABI ist einfach anwendbar. Die Kurzversion besteht nur aus 10 Fragen (nebst Klassifikation Tätigkeit) und einer Krankheitsliste. Die Ausfüllzeit beträgt etwa 10 min. Eine WAI Software zur Erfassung, Ausgabe und Berechnung steht zur Verfügung.
- *Psychometrische Qualität:* Insgesamt ergibt sich eine gute Zuverlässigkeit (Reliabilität), jedoch besteht eine ungeklärte Konstruktvalidität wegen Mehrdimensionalität. Validitätsstudien in Bezug auf Frühverrentung, Lebensqualität und Mortalität liegen vor.
- *Sensitivität:* Wiederholte Messungen zeigen Entwicklungen auf und können den Erfolg der Präventionsmaßnahmen offenbaren.
- *Skalierbarkeit:* Befragungsszenarien vom Einzelansatz (Coaching) bis zur flächendeckenden Messung der AF sind denkbar.
- *Unterstützung:* aktives WAI Netzwerk mit Informationsaustausch
- *Versionen:* Kurz- und Langversion, wobei für die betriebliche Praxis die Kurzversion ausreicht
- *Voraussetzungen für den Einsatz:* Sensibilisierung für Gesundheitsthemen und vorherige Information, Vertrauen in den Befragungsprozess (Datenschutz) und freiwillige Anwendung

Zu den Grenzen des ABI Trotz der allgemeinen Zustimmung zum Verfahren gibt es Kritik (vgl. Elsner 2005; Hasselhorn et al. 2005). Zunächst ist der Name irreführend, da er auf die personenzentrierte Sicht fokussiert und dabei den im Modell der AF zugrunde liegenden interaktionistischen Ansatz (Arbeit ⇔ Person) ausblendet. Der ABI teilt mit anderen befragungsbasierten Erhebungsinstrumenten das grundlegende Problem der Subjektivität, denn komplexe Sachverhalte werden aus der intersubjektiven Wahrnehmung als Indizes aggregiert (Breutmann 2010). Dabei werden die Dimensionen zur Bestimmung des Gesamtwertes additiv verrechnet. Hier stellt sich jedoch die Frage, ob der gewählte Algorithmus theoretisch zu begründen ist. Zweifel sind angebracht, denn die Dimensionen sind nicht nur von unterschiedlicher Operationalisierung, sondern bilden auch verschiedene Inhalte ab, die keinen gemeinsamen Faktor darstellen. Zwar spiegelt der ABI auch indirekt Arbeitsfaktoren als Folgen im Individuum wider, aber die Kausalität bleibt ungeklärt. *Man kann mithin nicht von einem konstruktvaliden Verfahren sprechen.* Ein weiteres Problem bezieht sich auf die Ermittlung der zukünftigen AF. Man muss davon ausgehen, dass Ereignisse wie Arbeitsplatzunsicherheit Einfluss auf die Einschätzung nehmen. Ferner stellt sich die dominierende Defizitorientierung in Bezug auf Krankheiten und Beeinträchtigungen als zu einseitig heraus, denn AF baut nicht nur auf Krankheit, sondern auch auf Ressourcen auf. Außer den psychischen Leistungsreserven werden diese jedoch nicht erfasst. Das *salutogenetische Gesundheitsverständnis* mit der Kernfrage „Was hält uns trotz hoher Belastungen gesund?" erfordert eine erweiterte Ressourcensicht. Diese Ressourcen sind in einem *Waagenmodell der AF* zu verrechnen, damit die Balance ein Maß erhält.

Der ABI fördert den Dialog zur betrieblichen Präventionsarbeit
Zudem kann der ABI auch als ein Evaluationsmaß zum Nachweis der Wirksamkeit von Präventionsanstrengungen im Bereich BGF oder BEM fungieren. Der ABI-Wert, der die Folgen darstellt, gewinnt in der Praxis an Bedeutung, wenn er bspw. im Kontext der Gefährdungsanalyse mit bedingungsbezogenen Faktoren verknüpft wird. Eine Kombination beider Herangehensweisen (ABI + Gefährdungsbeurteilung psychischer Belastungen) ist zu empfehlen. Dies ist umso wichtiger, da der ABI nicht gestaltungsorientiert ist.

4.3 Das AFM-Radar – Der Schritt zum Kompass

Der Schritt zum Kompass Die Aussagefähigkeit des ABI ist gegeben, aber mit Einschränkungen. Ein Kompass oder Radar zum AFM müsste als Cockpit auch die Verhältnisfaktoren abbilden. Im Sinne des Hauses der AF könnte dies ein *ganzheitliches Verfahren* bzw. eine Kombination verschiedener Ansätze erzielen.

Umfassendere Verfahren, die eine Art Gesundheitsanalyse auf mehreren Ebenen erlauben, liegen vor. Bekannt ist bspw. der Copenhagen Psychosocial Questionnaire (COPSOQ)[3].

AFM Cockpit AF erreicht dann einen hohen Wert, wenn die einzelnen Stockwerke aufeinander abgestimmt sind. V. a. müssen die Arbeitsanforderungen mit den individuellen Ressourcen (Gesundheit, Kompetenz und Werte) zusammenpassen. Um diese Verknüpfung auch im Navigationssystem zu verorten, muss der ABI erweitert werden. Hierzu eignet sich der *Arbeitsbewältigungsindex Plus*[TM] (ABI Plus[TM]). Dieser ermöglicht eine Statusanalyse, eine Prognose und eine Evaluierung der AF. Er berücksichtigt nicht nur die Beanspruchungen, sondern auch Belastungen und Ressourcen im Sinne eines ganzheitlichen Belastungs- und Beanspruchungsmodells (Tempel und Ilmarinen 2013, S. 239 f.). Alternativ finden sich auf dem Markt sowohl freie als auch kommerzielle Produkte, die eine ganzheitliche Gesundheitsanalyse mit Fokus auf die AF anbieten (Treier 2015, S. 53 ff.). Die Kombination mehrerer Perspektiven ermöglicht die gezieltere *Ableitung von Gestaltungs- bzw. Präventionsmaßnahmen*, denn entscheidend ist die Verknüpfung zwischen Personen- und Bedingungsfaktoren sowie der aktuellen und zukünftigen AF. Erweiterte Modelle lassen sich nicht auf einen Gesamtwert ABI aggregieren, sondern benötigen aufgrund ihrer Mehrdimensionalität ein *Gleichungsmodell* zur Analyse und Berechnung. Dabei ist zu beachten, dass Belastungen und Beanspruchungen neutrale Begriffe sind, also nicht nur negative, sondern auch positive Werte erzielen können. Die Grundlogik des AFM-Radars leitet sich aus dem ressourcenorientierten Belastungs- und Beanspruchungsmodell nach Walter Rohmert und Joseph Rutenfranz ab. Ressourcen wirken hier als Puffer zwischen den Belastungen und den Beanspruchungsfolgen.

AFM-RADAR = BELASTUNGEN ⇔ RESSOURCEN ⇔ BEANSPRUCHUNGSFOLGEN

- *Kennzahlen in Bezug auf Belastungen:* klassische Belastungen [körperliche Belastungen, Belastungen aus dem Arbeitsumfeld wie Lärm, Arbeitszeitgestaltung, Arbeitsmenge] und psychische Belastungen [psychosoziale, emotionale Belastungen, Über- oder Unterforderung, Informations- und Kommunikationsprobleme] sowie Arbeitsinhalt [Handlungsspielraum, Vielseitigkeit, Ganzheitlichkeit, Erwartungskonformität] ⇔ Inhalte der Gefährdungsanalyse
- *Kennzahlen in Bezug auf Ressourcen:* persönliche Ressourcen [Selbstwirksamkeit, Gesundheitsverhalten, Erholungsfähigkeit, Gesundheitskompetenz,

---

[3] www.ffas.de, www.copsoq.de sowie internationales Netzwerk www.copsoq-network.org.

Resilienz bzw. psychische Widerstandskraft] und externale Ressourcen [Angebote und Potenzial Gesundheitsförderung, Unternehmenskultur, gesunde Führung, Work-Life-Balance] ⇔ Gesundheitsscores

- *Beanspruchungsfolgen:* AF [aktuelle und zukünftige], Gesundheit [physische und psychische] und Stresserleben ⇔ Es handelt sich um mehrdimensionale Konstrukte, die teilweise Überschneidungsmengen aufweisen. Hier werden v. a. mittel- bis langfristige Folgen betrachtet.

Erfolgsfaktoren des Arbeitsfähigkeitsmanagements

Im Folgenden wird verdeutlicht, dass die Steigerung der AF nicht dem Zufall überlassen werden darf, sondern ein Förderungskonzept zur Nachhaltigkeit erfordert. Die Schlüssel zum Erfolg sind die Schlüssel zum Haus der AF. Sie setzen auf eine fundierte Standortbestimmung, die Entwicklung eines Strategiemodells, ein Struktur- und Prozessbild zur Verankerung, ein partizipatives Interventionsmodell der Verhaltens- und Verhältnisprävention sowie auf eine ausreichende Qualitätssicherung. Am Ende befinden sich Mensch und Arbeitssituation im Gleichgewicht.

5.1 Erfolg durch Intervention – Die Trendwende als Ziel

Es wirkt Entscheidend ist nicht Abwarten, sondern Handeln. Die den Blick bannende Kurve einer abnehmenden AF mit Fortschritt des Alters lässt sich verändern, dies versprechen empirische Befunde von Interventionsstudien (Abb. 5.1). Eine Kombination der Verhaltens- und Verhältnisprävention schafft eine *Trendwende* und ermöglicht gute AF bis ins hohe Alter (Prümper und Richenhagen 2011, S. 139; Ilmarinen 2005; BAuA 2013).

Konzertierte Aktion Um diese Trendwende einzuleiten, benötigt man Investitionen, aber nicht einfach viele, sondern aufeinander koordinierte Maßnahmen. Keiner der (außer-)betrieblichen Akteure kann für sich allein behaupten, das Thema AF in Anbetracht der vielfältigen Einflussfaktoren von Arbeitsinhalt über Führung bis zum Verhalten bestreiten zu können. Die Tab. 5.1 stellt die betrieblichen Handlungsfelder im Kontext der AF dar. AFM ist vom Prinzip lediglich eine *Dachorganisation*, die diese Aktivitäten aufeinander abstimmt und bei der Allokation der Investitionen bzw. Ressourcen unterstützt. Entscheidend ist, dass sich die Aktionen nicht in ihrer Wirkung gegenseitig aufheben (negative Interferenzen), sondern an

© Springer Fachmedien Wiesbaden 2016
M. Treier, *Betriebliches Arbeitsfähigkeitsmanagement*, essentials,
DOI 10.1007/978-3-658-13102-9_5

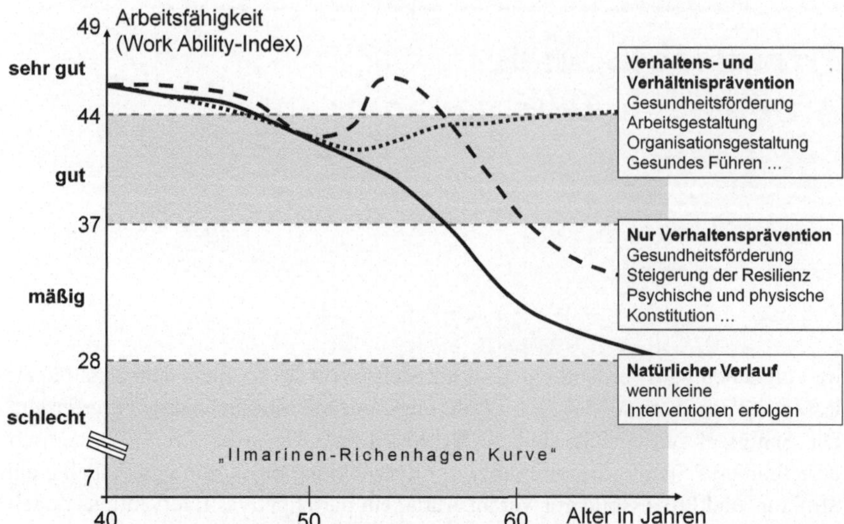

Abb. 5.1 Verlauf der Arbeitsfähigkeit bei Interventionen („Ilmarinen-Richenhagen-Kurve") nach Prümper und Richenhagen (2011, S. 139)

einem Strang ziehen. So können bspw. gesundheitsfördernde Maßnahmen durch einen unachtsamen Führungsstil torpediert werden. Die beste Verhaltensprävention wird scheitern, wenn die Verhältnisse einen Kontrapunkt bilden. AFM schafft logische Verknüpfungen zwischen Belastungen, die im Rahmen einer Gefährdungsbeurteilung erfasst werden, und den Folgen, die bspw. im BEM im Kontext der Rehabilitation zu Tragen kommen. Um das Ziel einer *langfristigen AF* aus Sicht der Belegschaft und Organisation zu realisieren, bedarf es eines gemeinsamen Klimmzugs von Akteuren der Organisations- und Personalentwicklung, des AS, BEM und BGM.

> Wir benötigen ein Unternehmensorchester AF. Die Instrumente zur Steigerung der AF sind aufeinander abzustimmen. Es geht dabei nicht um die Geschwindigkeit von konkurrierenden Maßnahmen (das führt oft zur Kakophonie), sondern um die konzertierte Aktion im Sinne einer Symphonie.

Gesetzliche Legitimation Die Kraft zum gemeinsamen Klimmzug geben gesetzliche Grundlagen des AS und BEM. So wird im Sozialgesetzbuch § 84 IX das

Tab. 5.1 Handlungsfelder im Kontext der Arbeitsfähigkeit

Handlungsfelder	Ansatzpunkte in Bezug auf Arbeitsfähigkeit
Fundament – Die Kernfelder	
Betriebliches Gesundheitsmanagement	*Steuerungsmodell der Gesundheitsförderung* Nachhaltige und systematische gesundheitsförderliche Gestaltung von Strukturen und Prozessen, Maßnahmen der Arbeitsorganisation, Bewertung und Steuerung von Maßnahmen im Bereich der Gesundheitsförderung, Einbindung der Führungskräfte
Arbeitsschutz und Arbeitssicherheit	*Unfallverhütung und Schutz der Beschäftigten* Identifizierung gesundheitsgefährdender Arbeitsbedingungen, Reduktion körperlicher und psychischer Belastungen, Ergonomie, Verhältnisorientierung
Betriebliches Eingliederungsmanagement	*Von der Arbeitsunfähigkeit zur Beschäftigungsfähigkeit* Einschätzung der Rückkehrperspektive, Vorbeugung erneuter Arbeitsunfähigkeit, Arbeitsfähigkeitscoaching, Wiedereingliederung und berufliche Rehabilitation, Erweiterung BEM von der gesetzlichen zur aktiven und gestaltenden Rolle im AFM
Flankierende Handlungsfelder	
Betriebliche Gesundheitsförderung	*Stärkung der individuellen Gesundheitsressourcen* Einzelaktivitäten, Steigerung der funktionellen Kapazität, Verhaltensprävention, Stärkung der Stressresistenz und psychischen Widerstandskraft sowie Optimierung der Erholungsfähigkeit
Demografie- und AGE-Management	*Erhalt der Arbeits- und Beschäftigungsfähigkeit* Senkung der Arbeitslast, Demografiefitness, alternsgerechte Führung, altersgemischte Teams, Job Rotation, Wissensmanagement, alternsorientierte Personalstrategien
Human Capital Management	*Erhöhung des intellektuellen und sozialen Kapitals* Kompetenzen, Employability, Commitment, Wissenserhalt, Laufbahngestaltung und Personalentwicklung, Ausweitung auf das Sozialkapital wie Betriebsklima und Führung
Work-Life-Balance	*Vereinbarkeit von Beruf und Privatleben* Balance von Privatleben und Beruf, Flexibilisierung des Arbeitsortes und der Arbeitszeit, Führungsrichtlinien und unternehmenskulturelle Akzeptanz, gesundheitspräventive Leistungen
Arbeitsfähigkeitsmanagement	**Das AFM integriert die Bemühungen um die Steigerung der AF in der Organisation, sodass Personal nachhaltig gesund, qualifiziert und motiviert ist. Dabei werden alle Stockwerke des Hauses berücksichtigt. AFM ist der Zentralschlüssel für das Haus der AF**

Thema Prävention in Bezug auf Arbeits(un)fähigkeit bei Langzeiterkrankten als Handlungsfeld erkannt. Das Arbeitsschutzgesetz gibt mit dem § 5 den Auftrag, Gefährdungsfaktoren zu identifizieren, die die AF aus physischer oder psychischer Sicht einschränken können. Der § 2 hebt die Bedeutung der menschengerechten Arbeitsgestaltung hervor. Eine Beteiligung der betrieblichen Interessenvertretung ist gemäß Betriebsverfassungsgesetz als eigenständiger Anspruch definiert. Weitere Gesetze wie das Arbeitssicherheits-, Arbeitszeit- und das Präventionsgesetz flankieren die *Anwaltschaft zur Förderung und Erhalt der AF* in Organisationen.

5.2 Der Schlüssel zum Erfolg – Zum Öffnen aller Türen

Der AFM-Schlüssel Das Haus der AF erschließt sich dann, wenn man über die richtigen Schlüssel verfügt. Die Abb. 5.2 stellt den Zentralschlüssel dar, der alle Türen öffnet. Dieser symbolisiert nicht das Konstrukt AF, sondern steht für AFM. Vom Modell ähneln die Schlüsselbärte den Instrumenten des BGM mit erweiterter Perspektive („Next-Level-BGM") (vgl. Ulich und Wüster 2012, S. 123 ff.).

Erläuterungen zum Zentralschlüssel

Erster Schlüsselbart

- *Fokus:* Ermittlung der Ausgangslage
- *Ansatzpunkte:* Standortbestimmung, Risikobeurteilung, Sensibilisierung
- *Erläuterung:* Die Standortbestimmung ermöglicht, zum einen Risikobereiche/-gruppen mit kritischer AF zu identifizieren und zum anderen mögliche

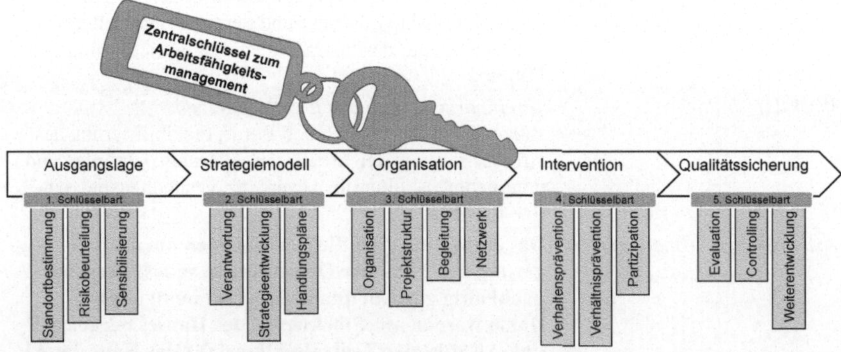

Abb. 5.2 Zentralschlüssel zum Arbeitsfähigkeitsmanagement

Ursachen auszumachen. Mit diesen empirischen Daten lässt sich in den Managementdialog treten und damit für die Notwendigkeit des AFM werben bzw. sensibilisieren. Es ist der erste und entscheidende Aufschlag.

- *Praxishinweis:* Als Instrument für das AF-Controlling eignet sich v. a. eine kombinierte befragungsbasierte Analyse (Gefährdungsbeurteilung psychischer Belastungen und ABI), da hier auch mit Hilfe von Referenzdaten eine Benchmark- und Bewertungsoption gegeben ist. Man sollte auf jeden Fall zu Beginn auf standardisierte Verfahren zurückgreifen. Bei kleineren Organisationen sind auch durch Fachexperten moderierte Analyseinterviews/-workshops mögliche Erfassungswege. Zum AF-Controlling gehört ferner die Analyse des bestehenden Kennzahlensystems (z. B. die erweiterte Fehlzeitenanalyse).

Zweiter Schlüsselbart

- *Fokus*: Strategiemodell
- *Ansatzpunkte*: Verantwortung, Strategieentwicklung, Handlungspläne
- *Erläuterung*: Aus der Risikobeurteilung resultiert oftmals Handlungsbedarf. Einfache lösungsorientierte Gestaltungsansätze sind aber aufgrund der Komplexität des Themas – das Haus der AF hat vier Etagen und ein Umfeld – nicht zu erwarten. Vielmehr ist eine Strategie-Landkarte zur Erkundung und Gestaltung des Hauses der AF erforderlich (Bauplan).
- *Praxishinweis*: Man sollte aufgrund der vielen Akteure das Thema aus politischer Sicht hoch aufhängen. Zudem empfiehlt sich, mithilfe von Best Practice die ersten Schritte der Bauskizze zu planen. Entscheidend ist, dass sich Arbeitnehmer- und Arbeitgeberseite auf ein verbindliches Konzept einigen. Dies sollte in einer Betriebs- bzw. Dienstvereinbarung festgehalten werden.

Dritter Schlüsselbart

- *Fokus*: Strukturelle Abbildung und Prozesse
- *Ansatzpunkte*: Organisation, Projektstruktur, Begleitung, Netzwerk
- *Erläuterung*: Ohne Verankerung in der Organisation wird AFM nicht funktionieren, da es viele Handlungsfelder mit verschiedenen Akteuren und Adressaten gibt. Das Hauptproblem im dritten Schlüsselbart ist die Klärung der Zuständigkeiten. Dabei ist eine sekundäre Organisationsabbildung wie eine Projektstruktur zu empfehlen, dass die Verknüpfung der in der Primärorganisation abgebildeten Akteure ermöglicht. Denkbar ist auch eine AFM-Matrix. Dies macht für große Organisationen mit entsprechenden Erfahrungen Sinn. Für das AFM ist

zudem die Außenschnittstelle von Bedeutung, um Expertenwissen in das eigene System zu überführen.

- *Praxishinweis*: AFM-Beauftragte bzw. AF-Lotsen können die Kommunikation und Interaktion zwischen den Akteuren unterstützen und auch bei der Anpassung bestehender Abteilungen bzw. Einrichtungen helfen. Zudem schaffen sie Schnittstellen nach außen und verbinden damit die interne und externe Expertensicht. Der Aufbau eines entsprechenden Unterstützungsnetzwerkes ist ein wesentlicher Erfolgsfaktor im AFM (Promotoren). Der Markt bietet zertifizierte Qualifizierungsmaßnahmen zum AF-Lotsen an. Meistens handelt es sich um Fachinhalte aus BGM und BEM. Für das interne Marketing der AFM-Themen bietet sich ein AFM-Portal (Intranet) an.

Vierter Schlüsselbart

- *Fokus*: Intervention
- *Ansatzpunkte*: Verhaltensprävention, Verhältnisprävention, Partizipation
- *Erläuterung*: Die wichtigste Gestaltungsmaxime ist die Beteiligung, denn viele Maßnahmen des AFM setzen am Menschen an, und diese müssen zunächst für den Bau des Hauses der AF begeistert werden. Der Bauplan kann nicht ohne Mitarbeiter und Führungskräfte umgesetzt werden. So sind u. a. Führungskräfte zu sensibilisieren oder Fachpersonal wie BEM-Beauftragte zu schulen. Verhaltensprävention setzt direkt am Mitarbeiter an. Auch hier ist Überzeugung und Teilnahmebereitschaft am ehesten durch Beteiligung zu erzielen.
- *Praxishinweis*: Am Anfang sollten die bisherigen Maßnahmen der Verhaltens- und Verhältnisprävention bspw. von AS, BEM oder BGF erfasst und im Hinblick auf ihre Bedeutung für das AFM kategorisiert und bewertet werden. Damit schafft man sich einen Überblick über die schon existierenden Wege zur Verbesserung der AF, bevor neue Wege ausgehoben werden.

Fünfter Schlüsselbart

- *Fokus*: Qualitätssicherung
- *Ansatzpunkte*: Evaluation, Controlling, Weiterentwicklung
- *Erläuterung*: Entscheidend für die Nachhaltigkeit ist das Wissen, ob die Maßnahmen wirksam sind und ob die begrenzten Ressourcen an den Stellhebeln mit höchster Wirkung ansetzen, um Veränderung zu schaffen. Wissenschaftliche Begleitforschung und Wirksamkeitsmessung können hier Hinweise zur Effektivität des AFM geben.

- *Praxishinweis*: Falls eine wissenschaftliche Begleitstudie geplant ist, sollte man über eine Partnerschaft mit Hochschulen nachdenken. Oftmals genügt es, wenn man das Verfahren der Standortbestimmung erneut einsetzt, um Änderungen nachzuweisen. Voraussetzung ist hier eine ausreichende Sensitivität des Verfahrens. Auch können schon die subjektiven Meinungen der Betroffenen als aussagekräftiger Indikator für das richtige Vorgehen fungieren. Entscheidend ist aber hier, dass auf jeden Fall eine ausreichende Dokumentation im Sinne eines AF-Berichts erfolgt. Dieser Bericht ist zu veröffentlichen und nicht als Geheimdossier zu verschließen.

Fazit zum AFM Der Zentralschlüssel ermöglicht ein auf die Besonderheiten der Organisation abgestimmtes AFM. Organisation und Belegschaft haben ein gemeinsames Ziel, auf eine langfristige Erhaltung und Förderung der AF hinzuwirken. Die Türen des Hauses der AF öffnen sich, wenn nicht nur Rettungswege als Notfallmanagement betrachtet werden (diese führen nur nach unten), sondern der Blick nach vorne bzw. nach oben gerichtet ist. Das Ziel ist das Gleichgewicht zwischen Arbeit und Person. Einzelmaßnahmen wirken sich auf der Personenebene positiv aus, aber sie verpuffen sehr schnell, wenn nicht gleichzeitig verhältnisorientierte Maßnahmen gemäß arbeitswissenschaftlicher Erkenntnisse adressiert werden. Ferner sind Organisationsthemen wie Führung als Faktor einzubeziehen. Prümper und Richenhagen (2011, S. 144 f.) kommen daher zu folgenden Konklusionen für ein effektives AFM …

- *Erstens* … Arbeitsunfähigkeit bzw. Krankenstände zu messen, ist rückblickend und wenig gestaltungsorientiert. Besser ist es, die AF zu fördern und dafür bspw. den ABI als Fahrplan zu nutzen.
- *Zweitens* … Gute AF bedeutet ein ausgewogenes Gleichgewicht zwischen Anforderungen und personenbezogenen Ressourcen. Die Aufrechterhaltung dieser Balance ist ein Dauerauftrag im Sinne einer gemeinsamen Verantwortung.
- *Drittens* … AF ist nicht die Umkehrung der Arbeitsunfähigkeit, sondern ein mehrdimensionales Konstrukt, dass von vielen Faktoren beeinflusst wird. Daher ist das Haus der AF mehrstöckig. Die vierte Etage „Arbeit“ nimmt dabei viel Raum ein. Gesundheitsgerechte Führung, angemessene Handlungsspielräume, alternsgerechte Arbeitsgestaltung oder flexible Arbeitsorganisationen sind der Auftakt für eine arbeitsfähige Organisation.

AFM-TÜV

Damit AF als strategische Zielgröße in der Organisation trumpfen kann, setzt man beim AFM auf den Managementzyklus: Diagnose, Maßnahmenplanung, Intervention und Evaluation (RADAR). Dabei hat sich als Kernaufgabe der AFM-TÜV erwiesen. Er stellt eine ganzheitliche, Strukturen, Prozesse und Ressourcen berücksichtigende Analyse dar und bezieht sich auf Ergebnisse des BEM, BGM, AS sowie Daten aus dem Personalbereich. Dieser TÜV versteht sich als ein Risikotool rund um die AF und untersucht sowohl die Personen- als auch Bedingungsfaktoren in ihrer Balance auf Herz und Nieren. Er ermöglicht einen Blick auf den aktuellen und künftigen Zustand der Organisation.

Was Sie aus diesem *essential* mitnehmen können

- Der Erhalt und die Förderung der AF liegt in der gemeinsamen Verantwortung von Belegschaft und Organisation begründet.
- Der demografische Wandel verstärkt die Sorge um eine abnehmende AF. Jedoch ist hier in Bezug auf das Alter eine differenzielle Sichtweise erforderlich. Zudem stellt die AF eine Balance zwischen Personen- und Situationsfaktoren dar.
- Dies erklärt sich auch beim Besuch des Hauses der AF. Die drei Etagen Gesundheit, Kompetenz und Werte zeigen, dass es bei der AF nicht nur um funktionelle Kapazität geht, die durch Krankheiten reduziert wird. Vielmehr stellen Ressourcen bedeutsame Gewichte im Waagenbild der AF dar. Beim Besuch der vierten Etage trifft man auf die Verhältnisfaktoren Arbeit, Organisation und Führung. Diese Etage ist weiträumig. Eine nachhaltige AF setzt stets an der Situation an.
- Der Blick aus der oberen Etage Arbeit lässt die Vielzahl beeinflussender externer Faktoren erahnen. V. a. Familie und Freundeskreis können als soziale Ressourcen die AF beeinflussen. Daher sollte man die AF auch aus Sicht der Work-Life-Balance betrachten.
- Im Haus der AF kann man sich leicht verirren, da es viele Räume gibt. Daher benötigt man ein Navigationssystem. In Bezug auf die Verhältnisfaktoren bietet sich die erweiterte Gefährdungsanalyse an. Die AF selbst kann durch den ABI/ WAI ermittelt werden. Dieser ist aussagekräftig, weist aber auch Einschränkungen auf, wenn es um eine ganzheitliche Betrachtung geht.
- Demgegenüber erfasst der AF-Kompass ganzheitlich verschiedene Kennzahlen zu Belastungen, Ressourcen und zu den Beanspruchungsfolgen.
- Ob AF aus Organisationssicht ein Personalrisiko darstellt oder nicht, ist nicht dem Zufall zu überlassen. AFM zeigt auf, wie die Handlungsfelder in einem systematischen Managementmodell mit den Stationen Standortbestimmung, Strategiemodell, Organisation, Interventionen und Evaluation für das gemeinsame Ziel des Erhalts und der Förderung der AF zu koordinieren sind.

© Springer Fachmedien Wiesbaden 2016
M. Treier, *Betriebliches Arbeitsfähigkeitsmanagement*, essentials,
DOI 10.1007/978-3-658-13102-9

- Damit ist AFM der Zentralschlüssel für das Haus der AF und ermöglicht, die Ursache-Wirkungs-Ketten der AF gezielt anzusprechen. Dabei versteht sich AFM als eine Art Integrationskonzept der AF-affinen Handlungsfelder wie BGF oder BEM, die sich der knappen und in Anbetracht der Veränderungen der Arbeitswelt auch verwundbaren Personalressource widmen.

Fachliteratur – Vertiefende Literatur zum Weiterlesen

Arnold, R., & Tutor, C. G. (2007). *Grundlagen einer Ermöglichungsdidaktik: Bildung er-möglichen – Vielfalt gestalten.* Augsburg: Ziel-Verlag.

BAuA – Bundesanstalt für Arbeitsschutz und Arbeitsmedizin. (Hrsg.). (2014). *Gefährdungs-beurteilung psychischer Belastungen: Erfahrungen und Empfehlungen.* Berlin: Erich Schmidt Verlag.

Becker, M., Ehlbeck, I., & Prümper, J. (2009). Freundlichkeit und Respekt als Motor der Arbeitsfähigkeit – eine empirische Studie. In M. Giesert (Hrsg.), *Gesundheitsgipfel an der Zugspitze – Führung & Gesundheit.* Hamburg: VSA.

Breutmann, N. (2010). Arbeitsbedingungen in Deutschland – Nutzen und Risiken der Verwendung von Befragungsinstrumenten sowie abgeleiteten Indices. *Zeitschrift für Arbeitswissenschaft, 64*(1), 36–40.

Collatz, A., & Gudat, K. (2011). *Work-Life-Balance. Praxis der Personalpsychologie* (Bd. 25). Göttingen: Hogrefe.

Elsner, G. (2005). Der Arbeitsbewältigungsindex: Eine Bewertung aus arbeitsmedizinischer Sicht. *Gute Arbeit, 17*(2), 18–21.

Felfe, J. (2008). *Mitarbeiterbindung. In Reihe Wirtschaftspsychologie* (Bd. 28). Göttingen. Hogrefe.

Giesert, M. (Hrsg.). (2011). *Arbeitsfähig in die Zukunft – Willkommen im Haus der Arbeits-fähigkeit!* Hamburg: VSA.

Hacker, W. (2005). *Allgemeine Arbeitspsychologie: Psychische Regulation von Wissens-, Denk- und körperlicher Arbeit. In Schriften zur Arbeitspsychologie (Nr. 58).* Bern: Huber.

Hasselhorn, H. M., & Freude, G. (2007). *Der Work-Ability Index – ein Leitfaden. In der Schriftenreihe der Bundesanstalt für Arbeitsschutz und Arbeitsmedizin (Sonderschrift 87).* Bremerhaven: Wirtschaftsverlag NW.

Hasselhorn, H. M., Seibt, R., Tielsch, R., & Müller, B. H. (2005). Der Work Ability Index – Fluch oder Segen? *Gute Arbeit, 19*(4), 33–37.

Hellbrück, J., & Kals, E. (2012). *Umweltpsychologie.* Wiesbaden: VS Verlag für Sozial-wissenschaften.

Ilmarinen, J. (2005). *Towords a longer Worklife – Ageing and the quality of worklife in the European Union. Published by Finnish Institute of Occupational Health, Ministry of Social Affairs and Health.* Helsinki: Finnish Institute of Occupational Health, FIOH Bookstore.

© Springer Fachmedien Wiesbaden 2016

M. Treier, *Betriebliches Arbeitsfähigkeitsmanagement,* essentials,
DOI 10.1007/978-3-658-13102-9

Kobi, J.-M. (2012). *Personalrisikomanagement – Strategien zur Steigerung des People Value*. Wiesbaden: Springer Gabler.

Köster, G. (2010). *Kurskorrekturen: Ethik und Werte in Unternehmen*. Bielefeld: Bertelsmann.

Kruse, A., & Wahl, H.-W. (2010). *Zukunft Altern – individuelle und gesellschaftliche Weichenstellungen*. Heidelberg: Spektrum Akademischer Verlag.

Lanwehr, R., Müller-Lindenberg, M., & Mai, D. (Hrsg.). (2013). *Balance Management – Vom erfolgreichen Umgang mit gegensätzlichen Zielen*. Wiesbaden: Springer.

Lippoth, K. U., & Schweres, M. (2010). Zum wissenschaftlichen und politischen Anspruch des DGB-Indexes Gute Arbeit. *Zeitschrift für Arbeitswissenschaft, 64*(1), 42–47.

Litzcke, S., Schuh, H., & Pletke, M. (2013). *Stress, Mobbing und Burn-out am Arbeitsplatz: Umgang mit Leistungsdruck – Belastungen im Beruf meistern*. Berlin: Springer.

McGregor, D. (1985). *The human side of enterprise*. New York: McGraw-Hill.

Mietzel, G. (2014). *Erfolgreich altern – Strategien für ein aktives und zufriedenes Älterwerden*. Göttingen: Hogrefe.

Nerdinger, F. W., & Wilke, P. (Hrsg.). (2009). *Beteiligungsorientierte Unternehmenskultur: Erfolgsfaktoren, Praxisbeispiele und Handlungskonzepte*. Wiesbaden: Gabler.

North, K., Reinhardt, K., & Sieber-Suter, B. (2013). *Kompetenzmanagement in der Praxis – Mitarbeiterkompetenzen systematisch identifizieren, nutzen und entwickeln*. Wiesbaden: Springer Gabler.

Preißing, D. (Hrsg.). (2010). *Erfolgreiches Personalmanagement im demografischen Wandel*. München: Oldenbourg.

Prümper, J., & Richenhagen, G. (2011). Von der Arbeitsunfähigkeit zum Haus der Arbeitsfähigkeit: Der Work Ability Index und seine Anwendung. In B. Seyfried (Hrsg.), *Ältere Beschäftigte: Zu jung, um alt zu sein. Konzepte – Forschungsergebnisse – Instrumente* (S. 135–146). Bielefeld: Bertelsmann.

Renneberg, B., & Hammelstein, P. (Hrsg.). (2006). *Gesundheitspsychologie*. Heidelberg: Springer.

Richenhagen, G. (2007). Personalarbeit und Führung im demografischen Wandel – Beschäftigungsfähigkeit, gesundheitliche Potenziale und altersflexibles Führen. *Personalführung, 40*(8), 44–51.

Richter, G. (2010). *Toolbox Version 1.2– Instrumente zur Erfassung psychischer Belastungen. Projekt F 1965, herausgegeben von der Bundesanstalt für Arbeitsschutz und Arbeitsmedizin*. Dortmund: BAuA.

Riechert, I. (2011). *Psychische Störungen bei Mitarbeitern*. Heidelberg: Springer.

Rudow, B. (2014). *Die gesunde Arbeit – Psychische Belastungen, Arbeitsgestaltung und Arbeitsorganisation*. München: Oldenbourg De Gruyter.

Scheubel, B., & Winter, J. (2008). Rente mit 67: Wie lange die Deutschen arbeiten können und wollen. *ifo Schnelldienst, 61*(1), 26–32.

Schlick, Chr., Bruder, R., & Luczak, H. (2010). *Arbeitswissenschaft*. Heidelberg: Springer.

Schwarzer, R. (2004). *Psychologie des Gesundheitsverhaltens: Einführung in die Gesundheitspsychologie*. Göttingen: Hogrefe.

Tempel, J., & Ilmarinen, J. (2013). *Arbeitsleben 2025: Das Haus der Arbeitsfähigkeit im Unternehmen bauen*. Hrsg. von M. Giesert. Hamburg: VSA Verlag.

Treier, M. (2011). *Personalpsychologie kompakt*. Weinheim: Beltz.

Treier, M. (2013). *Personalcontrolling für den öffentlichen Sektor: Ein Kompass für wertschöpfungsorientierte Personalarbeit*. In Reihe PöS(Personalmanagement im öffentlichen Sektor) (Bd. 9). Heidelberg: Rehm.

Treier, M. (2015). *Gefährdungsbeurteilung psychischer Belastungen: Begründung, Instrumente, Umsetzung*. In Reihe Springer essentials. Wiesbaden: Springer.

Tuomi, K., & Ilmarinen, J. (1999). Work, lifestyle, health, and work ability among aging municipal workers in 1981–1992. In J. Ilmarinen & W. Louhevaara (Hrsg.), *FinnAge – Respect for the aging: Action programme to promote health, work ability, and well-being of aging workers in 1990–96* (S. 220–232). Helsinki: Finnish Institute of Occupational Health.

Uhle, T., & Treier, M. (2015). *Betriebliches Gesundheitsmanagement – Gesundheitsförderung in der Arbeitswelt – Mitarbeiter einbinden, Prozesse gestalten, Erfolge messen*. Berlin: Springer.

Ulich, E. (2011). *Arbeitspsychologie*. Zürich: vdf Hochschulverlag.

Ulich, E., & Wülser, M. (2012). *Gesundheitsmanagement in Unternehmen – Arbeitspsychologische Perspektiven*. Wiesbaden: Springer Gabler.

Internetquellen – Fundierte Informationsquellen im Netz

Im Text mit ⌐🖰 gekennzeichnete Quellen …

BAuA – Bundesanstalt für Arbeitsschutz und Arbeitsmedizin. (Hrsg.). (2013). *Why WAI? – Der Work Ability Index im Einsatz für Arbeitsfähigkeit und Prävention – Erfahrungsberichte aus der Praxis*. Dortmund: BAuA. http://www.baua.de/de/Publikationen/Broschueren/A51.html. Zugegriffen: 1. 2016.

BPtK – BundesPsychotherapeutenKammer. (Hrsg.). (2013). *BPtK-Studie zur Arbeits- und Erwerbsunfähigkeit – Psychische Erkrankungen und gesundheitsbedingte Frühverrentung*. Berlin: BPtK. http://www.bptk.de/uploads/media/20140128_BPtK-Studie_zur_Arbeits-und_Erwerbsunfaehigkeit_2013_1.pdf. Zugegriffen: 1. 2016.

Eurofound – Europäische Stiftung zur Verbesserung der Lebens- und Arbeitsbedingungen. (Hrsg.). (2012). *Fünfte Europäische Erhebung über die Arbeitsbedingungen*. Dublin: European Foundation for the Improvement of Living and Working Conditions. https://www.eurofound.europa.eu/de/surveys/2010/fifth-european-working-conditions-survey-2010. Zugegriffen: 1. 2016.

Freude, G., Falkenstein, M., & Zülch, J. (Hrsg.). (2009). *Förderung und Erhalt intellektueller Fähigkeiten für ältere Arbeitnehmer – Abschlussbericht des Projektes „Pfiff". INQA-Bericht 39 (Initiative Neue Qualität der Arbeit)*. Berlin: Bundesanstalt für Arbeitsschutz und Arbeitsmedizin. http://www.inqa.de/SharedDocs/PDFs/DE/Publikationen/inqa-39-abschlussbericht-pfiff.pdf?__blob=publicationFile. Zugegriffen: 1. 2016.

Holler, M., & Trischler, F. (2010). Einflussfaktoren auf die Arbeitsfähigkeit – Der Einfluss belastender Arbeitsbedingungen auf die Gesundheit und die Arbeitsfähigkeit bis zum Rentenalter. Projekt „Gute Erwerbsbiographien" der Hans Böckler Stiftung und des Internationalen Instituts für Empirische Sozialökonomie (INIFES). Stadtbergen: INIFES. http://www.boeckler.de/pdf_fof/S-2009-236-3-7.pdf. Zugegriffen: 1. 2016.

Hoß, K., Pomorin, N., Reifferscheid, A., & Wasern, J. (2013). Arbeits- und Beschäftigungsfähigkeit vor dem Hintergrund des demografischen Wandels – Version 1.0. Hrsg. vom Institut für Betriebswirtschaft und Volkswirtschaft (IBES), Ausgabe 200, April 2013. Essen: Universität Duisburg-Essen. https://www.wiwi.uni-due.de/fileadmin/fileupload/WIWI/pdf/IBES_2013_nr200.pdf. Zugegriffen: 1. 2016.

Lohmann-Haislah, A. (2012). *Stressreport Deutschland 2012– Psychische Anforderungen, Ressourcen und Befinden. Herausgegeben von der Bundesanstalt für Arbeitsschutz und Arbeitsmedizin.* Dortmund: Bundesanstalt für Arbeitsschutz und Arbeitsmedizin. http://www.baua.de/de/Publikationen/Fachbeitraege/Gd68.html;jsessionid=7F69C8C433571617BFFE01043C0C225B.1_cid389. Zugegriffen: 1. 2016.

Siegrist, J., & Dragano, N. (2007). *Rente mit 67– Probleme und Herausforderungen aus gesundheitswissenschaftlicher Sicht. Hrsg. von der Hans-Böckler-Stiftung, Arbeitspapier 147.* Düsseldorf: Hans-Böckler-Stiftung. http://www.boeckler.de/pdf/p_arb_147.pdf. Zugegriffen: 1. 2016.

Tempel, J., & Giesert, M. (2005). Arbeitsfähigkeit 2010: Von 16 bis 65 in einem Unternehmen – Abschlussbericht zum ABI-NRW-Projekt. Düsseldorf. http://www.neue-wege-im-bem.de/sites/neue-wege-im-bem.de/dateien/tempel_giesert_2005_20abschlussbericht_arbeitsfaehigkeit202010.pdf. Zugegriffen: 1. 2016.

Lesen Sie hier weiter

Michael Treier

Gefährdungsbeurteilung psychischer Belastungen
Begründung, Instrumente, Umsetzung

1. Aufl. 2015, IX, 62 S.,
Softcover: € 9,99
ISBN: 978-3-658-08018-1

Änderungen vorbehalten.
Erhältlich im Buchhandel oder beim Verlag.

Einfach portofrei bestellen:
leserservice@springer.com
tel +49 (0)6221 345-4301
springer.com

Lesen Sie hier weiter

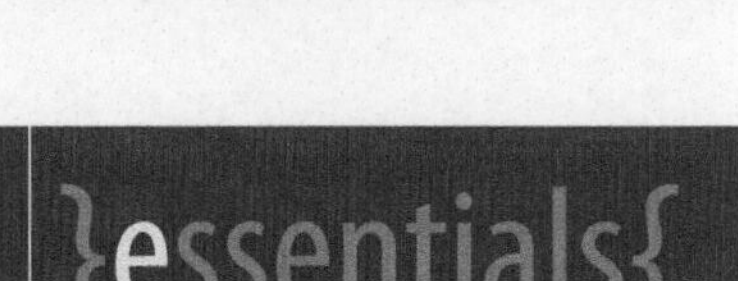

Michael Treier, Thorsten Uhle

Einmaleins des betrieblichen Gesundheitsmanagements
Eine Kurzreise in acht Etappen zur gesunden Organisation

1. Aufl. 2016, IX, 48 S.,
Softcover: € 9,99
ISBN: 978-3-658-12046-7

Änderungen vorbehalten.
Erhältlich im Buchhandel oder beim Verlag.

Einfach portofrei bestellen:
leserservice@springer.com
tel +49 (0)6221 345-4301
springer.com

Lesen Sie hier weiter

Thorsten Uhle, Michael Treier

**Betriebliches
Gesundheitsmanagement**
Gesundheitsförderung in der Arbeitswelt – Mitarbeiter einbinden, Prozesse gestalten, Erfolge messen

3. Aufl. 2015, V, 529 S.,
101 Abb. in Farbe
Hardcover: € 44,99
ISBN: 978-3-662-46723-7

Änderungen vorbehalten.
Erhältlich im Buchhandel oder beim Verlag.

Einfach portofrei bestellen:
leserservice@springer.com
tel +49 (0)6221 345-4301
springer.com

 Springer